Gesetz der Anziehung

# Glück und Erfolg auf Bestellung

Wie du dank Visualisierung, Affirmation und Achtsamkeit dein Leben selber in die Hand nimmst und alle deine Träume und Wünsche wahr werden lässt

2. Auflage

# Danksagung

Normalerweise wird diese Seite dafür verwendet, allen möglichen Leuten zu danken.

Diesmal möchte ich allerdings dem wichtigsten Menschen in meinem Leben danken: mir selbst. Ich bin über meinen Schatten gesprungen und habe gelernt.

Gelernt, was es heißt ein glückliches und erfolgreiches Leben zu führen. Das war nicht immer leicht. Aber lohnenswert.

Ich habe mir mein Leben dank dem Gesetz der Anziehung selber erschaffen und möchte dieses nicht mehr missen!

# Inhaltsverzeichnis


Einleitung ........ 1

Kapitel 1 – Was ist das Gesetz der Anziehung? ........ 5

- Die Gesetze des Universums ........ 5
- Das Gesetz der Anziehung ........ 6
- Anziehung und fehlende Anziehung ........ 8
- Wie funktioniert das Gesetz der Anziehung dann? ........ 9
  - Die Einflussbereiche des Gesetzes der Attraktion ........ 10
  - Das Gesetz der Anziehung als Naturgesetz ........ 10
  - Das Gesetz der Anziehung unterscheidet nicht Gut und Böse, Positiv und Negativ ........ 11
  - Unbewusste und bewusste Gedanken ........ 12
  - Unser Gehirn und unsere Gedanken ........ 13
  - Die Potenzialisierung unserer Gedanken und Gefühle ........ 15
  - Zeitliche Verzögerungen ........ 16
  - Es wird das manifestiert, dem wir unsere Aufmerksamkeit schenken ........ 17
- Eine einfache Veranschaulichung des Gesetzes der Anziehung ........ 18
- Wer bestimmt über dein Leben? ........ 23

Kapitel 2 – Beweise aus der Wissenschaft ........ 25

Kapitel 3 – Wo kann man das Gesetz der Anziehung anwenden? ........ 30

- Beruf & Karriere ........ 30

Was ist der passende Job? 31

Tipps zum Thema Beruf & Karriere 36

Finanzen & Reichtum 37

Was machen wir falsch bzgl. der Anziehung von mehr finanzieller Freiheit? 38

Wie kannst du mit dem Gesetz der Anziehung also den Traum deiner finanziellen Freiheit leben? 42

Noch einige konkrete Tipps zum Thema Geld & Finanzen: 50

Gesundheit 53

Das leidige Thema Abnehmen 57

Verletzungen auskurieren 58

Stress 59

Schlaf 60

Jung bleiben im Alter 62

Zwischenmenschliche Beziehungen 64

Warum wir immer die „richtigen“ Menschen um uns haben 65

Wie behandelst du dich selbst? 67

Wie erlangen wir eine Änderung unserer Beziehungen? 70

Das Gesetz der Anziehung und die Liebe 72

Tipps zum Thema Beziehungen 74

Dein Leben 74

Ziele erreichen 74

Glück und Erfolg 75

Dich selbst verwirklichen 76

Geistige Barrieren durchbrechen ........................................... 76
Wissenschaft................................................................................ 77
Das Gesetz der Anziehung im Alltag .................................... 78
Kapitel 4– Das Gesetz der Anziehung in der Praxis ..................... 80
Die Technik, einfach erklärt in 6 Schritten................................ 81
Schritt 1: Mache ein Inventar deines jetzigen Lebens ......... 81
Schritt 2: Finde heraus, was du wirklich im Leben willst.... 83
Schritt 3: Tu und wünsche dir das, was dir Spaß macht...... 84
Schritt 4: Setze Prioritäten ..................................................... 85
Schritt 5: Mache deinen Auftrag an das Universum ............ 86
Schritt 6: Empfange das Gewünschte .................................. 89
Weitere nützliche Bemerkungen zum Gesetz der Anziehung. 89
Ein kleiner Exkurs über negative und positive Formulierungen ..................................................................... 89
Das Wichtigste ist, dass du dich im Hier und Jetzt immer gut fühlst ............................................................................................ 90
Der Einfluss anderer beim Gesetz der Anziehung.............. 90
Wie wirken sich unsere Gedanken über andere Menschen aus?........................................................................................... 91
Handeln ist wichtig................................................................... 92
Je mehr du mit dem Gesetz der Anziehung arbeitest, desto besser funktioniert es ........................................................... 93
Wie komme ich mit meinem Unterbewusstsein in Kontakt? ........................................................................................... 95
Wie können wir unsere Gedanken und Gefühle beeinflussen? ......................................................................... 97
Wie erklärt man Kindern das Gesetz der Anziehung? ........ 99

Tipps, um ein wirklich erfülltes Leben zu führen .................. 101

Nützliche Werkzeuge, um das Gesetz der Anziehung effizient anzuwenden .................................................................. 104

Denke positiv .................................................................. 104

Visualisiere .................................................................. 107

Sei dankbar .................................................................. 109

Mach oder lerne Meditation .................................................. 112

Mach Affirmationen .................................................. 114

Erhöhe deine positive Schwingung .................................. 116

Male, zeichne oder fotografiere deine Wünsche ............... 118

Schreibe über deine Wünsche .......................................... 119

Kapitel 5 - Probleme auf dem Weg zum erfolgreichen Manifestieren .................................................................. 120

Grund 1 – Du glaubst nicht daran .......................................... 120

Grund 2 – Dein Unter- oder Unbewusstsein .......................... 121

Grund 3 – Deine Affirmationen und Visualisationen funktionieren nicht mit negativer Schwingung dahinter ........ 123

Fazit .................................................................. 125

Letzte Worte .................................................................. 129

# Einleitung

Kennst du die Leute, die sich hinsetzen und sich mit einem Lächeln auf dem Gesicht ausdenken, was sie gerne hätten, was sich dann anschließend in ihrem Leben manifestieren soll? Und dann passiert es auch, und sie lächeln weiter und sagen nur: „Danke! – Es hat mal wieder perfekt geklappt!“ Ich gehöre mittlerweile zu diesen Menschen und genieße es, mein Leben so in ein erfüllteres Dasein verwandeln zu können.

Natürlich gibt es auch die anderen, die sagen, dass das nicht funktioniert, und für sie funktioniert es dann auch wirklich nicht. Das ist ebenso richtig.

Wozu gehörst du? Wie sieht es in deinem Leben aus? Gehörst du zu den Menschen, die ...

- immer Geldsorgen haben und nicht wissen, wie sie ihre Rechnungen bezahlen sollen?

- im Beruf nicht weiterkommen, egal, wie viel sie sich auch anstrengen, und die schon völlig frustriert von ihrem Arbeitsleben sind?
- gesundheitliche Probleme haben, die sich einfach nicht lösen lassen und ihnen ihren Elan nehmen?
- schon seit langem nach dem richtigen Lebenspartner suchen, aber immer wieder an die falschen Menschen geraten, oder deren Beziehung sich in der Routine verloren hat und kurz vor dem Scheitern steht?
- das Gefühl haben, in ihrem Leben funktioniert nichts so, wie es sollte?
- den Glauben an ein erfülltes und lebenswertes Leben verloren haben?

Wer kennt diese Situationen oder einige davon nicht? Aber das muss nicht so sein. Die gute Nachricht ist, dass du selbst entscheiden kannst, wie dein Leben aussehen soll. Jeder Mensch hat die Möglichkeit und die Macht in sich, ein glückliches und erfülltes Leben zu haben. Auch du bist fähig dazu, dein Leben nach deinen Vorstellungen zu gestalten und dir deine Wünsche zu erfüllen. Erreichen kannst du dies, wie jeder andere auch, durch die Anwendung des Gesetzes der Anziehung. Vielleicht hast du schon einmal davon gehört, aber weißt bisher noch nicht so recht, was es damit auf sich hat.

Und genau deshalb hast du auch bisher nicht den Erfolg, das Glück und die positiven Ereignisse in deinem Leben verzeichnen können, die du gerne erleben würdest. Jeder Mensch wendet das Gesetz der Anziehung in seinem Leben ständig an, aber die meisten Menschen tun dies leider nur unbewusst, und daher kommt es, dass es für sie falsch wirkt.

Genau aus diesem Grund ist es wichtig, das Funktionieren des Gesetzes und das dementsprechende Wünschen richtig zu lernen und anzuwenden. Viele erfolgreiche Menschen rund um die Welt gebrauchen es: bekannte Stars, erfolgreiche Geschäftsleute, Spitzensportler, aber auch viele andere Menschen wie du und ich, die einfach nur verstanden haben, wie das Prinzip funktioniert und glücklich sein und Wohlstand, Liebe und Gesundheit in ihrem Leben haben wollen.

Auch du kannst das erreichen. Jeder Mensch zieht das in sein Leben, womit er sich häufig beschäftigt. Willst du es mal ausprobieren? Versuch es doch einfach mal, aber richtig, damit du dich von den guten Resultaten überzeugen kannst.

In diesem Buch zeige ich dir in Theorie und Praxis, wie du das Gesetz der Anziehung erfolgreich in deinem Leben anwenden kannst.

Erst wenn du dies richtig verstanden hast, kannst du das Gesetz **bewusst** nutzen, um ein erfülltes Leben zu haben. Hier erkläre ich dir, wie das geht und was dahinter steckt.

Du glaubst es nicht? Was spricht dagegen, es einmal zu versuchen? Was hast du zu verlieren? Probiere es einfach mal aus. Es kostet ja nichts.

*Das, was jemand von sich selbst denkt, bestimmt sein Schicksal.*

MARK TWAIN

# Kapitel 1 – Was ist das Gesetz der Anziehung?

Das Gesetz der Anziehung ist im Prinzip eines der Gesetze des Universums oder Lebensgesetze, auch Hermetische Gesetze genannt. Es ist auch unter dem Namen Gesetz der Resonanz bekannt. Ganz einfach betrachtet bedeutet es, dass Gleiches Gleiches anzieht.

## Die Gesetze des Universums

Insgesamt gibt es sieben Hermetische Gesetze, die uns Menschen durch die Tabula Smaragdina bereits in altägyptischen Zeiten überliefert wurden.

Es sind die folgenden:

- **das Gesetz der Geistigkeit oder Mentalität:** Alles ist Geist, energetische Form, die alles verbindet.

- **das Prinzip der Analogie oder Entsprechung:** Wie oben so unten, wie außen so innen.
- **das Prinzip der Schwingung:** Alles ist immer in Bewegung und wandelt sich.
- **das Prinzip der Polarität:** Alles existiert zweifach, hat seinen Gegensatz, zwei Pole.
- **das Prinzip des Rhythmus:** Alles pendelt in seinem eigenen Rhythmus.
- **das Prinzip der Kausalität:** Alles hat eine Ursache und eine Wirkung, nichts geschieht zufällig.
- **das Prinzip des Geschlechtes:** In allem manifestiert sich das männliche und weibliche Prinzip.

Keines dieser Gesetze kann für sich alleine existieren, sie interagieren. Erst in ihrem Zusammenspiel machen sie Sinn.

Da es sich um universelle Gesetze handelt, gelten sie immer, ohne Ausnahme, und sind auf alles anwendbar.

# Das Gesetz der Anziehung

Das Gesetz der Anziehung wird also, wie ich schon oben sagte, ebenfalls das Gesetz der Resonanz oder auch der Affinität genannt. Es beruht auf dem Gesetz der Schwingung.

Das Gesetz der Schwingung besagt, dass ALLES IMMER in Schwingung, das heißt in Bewegung ist. Aber nicht nur die Atome, sondern alles, selbst der Felsen, aus dem die Berge gemacht sind und die größten, von uns errichteten Gebäude aus Beton und Metall, aber natürlich auch unsere Körper, sind im Grunde genommen nichts anderes als Energie, die sich immer in Bewegung befindet.

Der Unterscheid zwischen den verschiedenen Dingen ist die Schwingungsfrequenz, mit der sie sich manifestieren. Einige haben eine höhere Frequenz als andere, aber insgesamt kann man sagen, dass jeder Gegenstand und jedes Wesen im Universum seine ganz eigene und persönliche Schwingungsfrequenz hat.

Das Gesetz der Anziehung bekam durch die New Age Bewegung im letzten Jahrhundert in den USA Bedeutung für die Kenntnis der Menschen. Verschiedene Autoren begannen, darauf hinzuweisen. Wirklich populär wurde es aber erst mit dem Buch von Rhonda Byrne „Das Geheimnis" (The Secret) und gleichlautendem Video, in dem dieses Geheimnis hinter den Dingen genau das Gesetz der Anziehung ist, das sie, zusammen mit verschiedenen anderen Autoren, versucht, uns nahezubringen.

Die Auswirkungen dieses Gesetzes sehen wir in unserem tagtäglichen Leben, wenn wir ein wenig darauf achten. Ein gutes deutsches Sprichwort, das genau den Kern der Sache trifft, besagt:

*Gleich und Gleich gesellt sich gern.*

Überprüfe einmal dein Leben und achte darauf, was und wer sich in ihm manifestieren. Normalerweise sind es Dinge, Ereignisse und Menschen, die zu dir passen und dir ähnlich sind oder denken und fühlen wie du.

Deshalb können wir Folgendes feststellen:

# Anziehung und fehlende Anziehung

Das Gesetz der Anziehung zieht gleiches an und lässt uns andererseits aber auch nur das wahrnehmen, was zu unserer eigenen Schwingung passt.

Dazu muss man verstehen, dass die Schwingungsfrequenz des Menschen durch seine Gedanken und Gefühle gesteuert wird, die seine ureigenen sind.

Was wir denken, fühlen oder uns vorstellen können, das können wir wie ein Magnet anziehen, und dabei ist es egal, ob dies bewusst oder unbewusst geschieht. Je mehr wir uns mit diesen Gedanken oder Gefühlen beschäftigen, desto stärker ist unsere Anziehungs- oder Magnetkraft für diese Dinge oder Situationen.

Hier kommt das zweite der hermetischen Gesetze gleichfalls zum Tragen, das Gesetz der Entsprechung:

*Wie oben so unten, wie innen so außen.*

Im Universum gilt: So, wie der Mikrokosmos ist, so ist auch der Makrokosmos, und umgekehrt. Oder, in anderen Worten: So, wie es in uns Menschen als Mikrokosmos bestellt ist, so ist auch der Makrokosmos um uns herum. Das können unsere Umgebung, unsere Familie, die Konditionen in unserem Land, auf der Erde, aber auch im Universum sein. Und andersherum gilt das natürlich auch. Unsere Umgebung und Lebensumstände haben Einfluss auf uns.

Das macht Sinn, nicht wahr?

Auf der anderen Seite haben wir keine Resonanz für Dinge und Ereignisse, die nicht unserer Frequenz oder Schwingung entsprechen. Das können wir mit einer Station im Radio vergleichen, die nur auf ihrer spezifischen Frequenz empfangen werden kann. Wenn du eine andere Frequenz einstellst, bekommst du entweder eine andere Radiostation oder nur Rauschen.

Die Stimmgabeln in der Musik sind auch ein gutes Beispiel hierfür. Jede hat ihren eigenen, einzigartigen Ton, mit dem sie schwingt. Wenn du mehrere, verschiedene Stimmgabeln nebeneinander hast und eine davon in Schwingung bringst, kannst du nur die Schwingung dieser spezifischen Stimmgabel hören und spüren. Aber außerdem werden alle anderen Stimmgabeln, die auf dieselbe Frequenz geeicht sind, ebenfalls beginnen zu schwingen, auch wenn du sie gar nicht aktiv in Bewegung gesetzt hast. Wir können sagen, wir funktionieren in gewissem Sinne wie diese Stimmgabeln.

## Wie funktioniert das Gesetz der Anziehung dann?

Wie ich bereits weiter oben sagte, das Gesetz der Anziehung wirkt als Naturgesetz immer, egal, wer wir sind, wo wie leben und in welcher Zeit. Es gibt keine Stopptaste oder Ausschlüsse, wie sie bei den von den Menschen erschaffenen Gesetzen existieren können, die zum Beispiel nur für ein Land oder für gewisse Situationen gültig sind. **Das Gesetz der Attraktion gilt immer und überall und funktioniert immer auf die gleiche Weise.**

*Die Einflussbereiche des Gesetzes der Attraktion*

Es nimmt damit auch Einfluss auf jeglichen Bereich unseres Lebens: Geld, Beruf, Gesundheit, zwischenmenschliche Beziehungen, den Erfolg oder Misserfolg in unserem Leben und alles weitere, was du dir vorstellen kannst. Im Kleinen und im Großen, in jedem Moment. Wir werden weiter unten noch im Detail darauf eingehen.

*Das Gesetz der Anziehung als Naturgesetz*

Das Gesetz der Anziehung existiert einfach, und es funktioniert als solches völlig unparteiisch, aber präzise wie ein Uhrwerk. Es funktioniert also nicht zufällig. Und ich gehe noch einen Schritt weiter: Zufälle und Pech oder Glück existieren nicht, es sind alles Dinge und Ereignisse, die von uns angezogen werden, auch wenn wir uns dessen auch oft nicht bewusst sind und wir einiges auf Anhieb nicht verstehen. Aber ich hoffe, dass du mit diesem Buch mehr Klarheit in diese Prozesse und ihre Funktionsweise bekommst.

Ebenfalls ist wichtig, zu verstehen, dass das Gesetz der Anziehung für jeden und überall auf der Welt gleich und gleichstark funktioniert. In diesem Sinne ist es also egal, wer du bist oder wo du dich befindest. Es liegt an dir, was du daraus machst. Du kannst allerdings etwas an seiner Intensität ändern. Bevor ich dir dies erkläre, lass uns aber erst noch auf einige weitere, wichtige Punkte eingehen.

*Das Gesetz der Anziehung unterscheidet nicht Gut und Böse, Positiv und Negativ*

Das Universum ist neutral, und wir haben als Menschen das Recht und auch die Notwendigkeit, verschiedene Ausprägungen einer und derselben Sache auszuprobieren. Und nochmals kommt hier zu tragen, dass es sich um ein universelles Gesetz handelt, das einfach reagiert, unabhängig davon, ob deine Gedanken oder Gefühle positiv oder negativ sind, oder woran du denkst.

Wer mehr positive Gedanken hat, zieht mehr positive Dinge in sein Leben, und umgekehrt, wer viel negativ denkt, der hat mehr negative Erfahrungen. Dem Gesetz ist das egal, es reagiert einfach. Du entscheidest, was du erfahren willst.

Denn auch dies ist wichtig zu verstehen: Die Wertung, ob etwas positiv oder negativ ist, liegt an uns und hat mit dem Gesetz der Polarität zu tun, das besagt, dass alles dual ist, also zwei Ausprägungen hat. Was allerdings für den einen richtig ist, kann für den anderen falsch sein. Das Gesetz ist einfach dein treuer Diener. Und hier gilt das, was Henry Ford einmal sagte:

> *Ob du glaubst, du kannst es, oder ob du glaubst, du kannst es nicht, du hast recht.*
> HENRY FORD

*Unbewusste und bewusste Gedanken*

Die Wissenschaft hat erwiesen, dass täglich mehr als 60.000 Gedanken durch unseren Kopf gehen, wovon der allergrößte Teil unbewusst ist. Und bedenke, dass dein Gehirn auch, wenn du schläfst, weiterarbeitet. Denke nur einmal an deine Träume, die alles das, was du im wachen Zustand erlebt hast, verarbeiten und weiterflechten.

Dem Gesetz der Anziehung ist es egal, ob bewusste oder unbewusste Gedanken durch deinen Kopf gehen, womit du also beschäftigt bist. Wie bereits gesagt, der wichtige Punkt ist, dass du sie nicht abstellen kannst.

Die meisten Menschen haben heutzutage schon mal vom Gesetz der Anziehung gehört, aber wissen meist nicht genau, wie es funktioniert, oder behaupten sogar, dass es New Age Unsinn ist. Auch dann, wenn wir so denken, funktioniert es. Also sollten wir uns lieber ein bisschen mehr informieren und es zu unseren Gunsten nutzen, statt es nur im Unbewussten auf Autopilot funktionieren zu lassen, und dann wahrscheinlich nicht gerade zu unseren Gunsten. Es ist also wichtig, dass du dir deiner Gedanken bewusst wirst und sie zu deinem Nutzen umformst.

Gut, so weit sind wir mittlerweile in unserem Verständnis gekommen: Das Gesetz der Anziehung wird in uns durch unsere Gedanken aktiviert. Jetzt wirst du vielleicht sagen: „Ah, dann habe ich den Trick herausgefunden, wie ich es abstellen kann. Ich denke einfach nicht mehr." Aber das funktioniert leider nicht. Unser Gehirn arbeitet immer, wie ich schon sagte, auch im Schlaf.

Dabei musst du bedenken, dass unser Gehirn nicht alleine denken kann. Es funktioniert wie ein Computer, der mit Information gefüttert wird und dann ein Resultat ausspuckt. Ein Gehirn alleine, so gut es auch sein mag, hat keine genialen Einfälle. Da können wir das Gehirn von Albert Einstein oder Nicola Tesla nehmen, aber ohne die entsprechenden Personen dahinter, die mit ihm verbunden ist, kann das Gehirn nicht denken. Wir denken also mit oder durch unser Gehirn.

Die Frage ist nun, wie wir unser Gehirn nutzen. Um etwas zu erreichen, dürfen wir nicht nur nachdenken und grübeln, sondern wir sollten uns mit unseren Gedanken auseinandersetzen, sie fühlen und uns für sie begeistern. Wer das verstanden hat und im Leben anwendet, der kann signifikante Veränderungen und große Dinge erreichen.

Ich wiederhole es noch einmal: Es sind also unsere Gedanken, die bestimmen, was wir anziehen. Wie funktioniert das?

Wenn du schon einmal meditiert hast, weißt du, wie das ist. Du versuchst, deinen Geist leer zu lassen, aber es funktioniert nicht. Es kommen immer neue Gedanken auf, die scheinbar aus dem Nichts nur so hereinströmen, und umso mehr, je weniger wir sie gerade haben wollen. Was machst du dann, wenn wir mit dem Beispiel der Meditation weitermachen? Du konzentrierst dich normalerweise auf deine Atmung und beobachtest ganz neutral, wie sie funktioniert. Es ist ein neutraler Gedanke, den du auswählst, aber es bleibt ein Gedanke, und er vermeidet, dass andere, störende Gedanken hereinkommen. Wenn wir mit der Meditation beginnen, wissen wir alle, wie schwer es ist, an dieser Beobachtung (= an diesem Gedanken) der Atmung festzuhalten.

Gut, so machst du es auch mit dem Gesetz der Anziehung. Du nimmst einen bestimmten Gedanken, den du nun auswählst. Dieser Gedanke hat für dich eine bestimmte Schwingung. Denke daran, die Wertung ist individuell verschieden.

Ein einfaches Beispiel, um dies zu verstehen: Es gibt Menschen, die lieben es, Urlaub am Strand zu machen und andere, die es hassen. Deshalb ist der Urlaub am Meer aber weder schlecht noch gut, er existiert einfach als eine Alternative. Aber wenn ich dir sage, du solltest ihn für dich auf einer Skala von null bis zehn einordnen, dann wirst du das wahrscheinlich können. Und wenn ich dir nun sage, dass (aus welchem Grund auch immer) dein nächster Urlaub an einem schönen Strand stattfinden wird, assoziierst du damit gewisse Gefühle. Das ist die Schwingung, die dieser Gedanke für dich hat. Wenn du dich jetzt darauf mehr und mehr konzentrierst, wird sich die Schwingungsamplitude in deinen Zellen hierzu erhöhen, sie erhält also mehr Energie.

Du entscheidest also – bewusst oder unbewusst - durch die Art deiner Gedanken, deinen freien Willen und deine Konzentration über die Schwingungswellen, die du durch sie erzeugst. Wenn du dir dieser Schwingung bewusst wirst, nennst du das deinen Gemütszustand, also deine Gefühle. Dies manifestiert sich früher oder später durch Erlebnisse und Ergebnisse in deinem Leben.

Den meisten Menschen ist dieser Zusammenhang nicht bewusst, und sie glauben deshalb, dass die Ereignisse in ihrem Leben völlig zufällig geschehen oder einfach das Glück oder Pech eines „gutgesinnten" oder „böswilligen" Universums sind, wobei dies jedoch einfach nur reagiert, und zwar absolut neutral.

Hier hast du also die Möglichkeit, Einfluss auf dein Leben zu nehmen.

John Assaraf, einer der Mitverfasser des Buches „Das Geheimnis" und erfolgreicher Unternehmensberater, bringt es auf den Punkt:

> *Du wirst das, woran du am meisten denkst.*
> John Assaraf

*Die Potenzialisierung unserer Gedanken und Gefühle*

Da Gleiches Gleiches anzieht, bedeutet das auch, dass, wenn du an etwas denkst, du mehr Gedanken von demselben Thema bekommst. Das kann für positive und negative Dinge gelten. Wenn du positive Gedanken hast, wird noch mehr Positives in deinem Gedankenfeld auftauchen, wenn du negative Gedanken hast, treten auch noch mehr davon auf. Das liegt einfach an der Schwingungsebene deiner Gedanken. Darum gibt es eher pessimistische und eher optimistische Menschen.

Diese Gedanken zeigen sich dann in Gefühlen. Du weißt es bestimmt aus eigener Erfahrung, wenn du so richtig gut gelaunt und froh bist, ist es schwer, dass dich negative Gedanken aus diesem Gemütszustand herausbringen, und umgekehrt, wenn du dich traurig oder deprimiert fühlst, kostet es viel Anstrengung und oft mehrere Tage, bis du diese Gefühle gegen positive austauschen kannst. Versuche daher schon von vorneherein, positive Gefühle zu erleben. Im praktischen Kapitel geben wir dir einige Vorschläge dafür.

Ein anderer wichtiger Punkt ist, dass sich die Schwingung durch die Gedanken und Gefühle potenzialisiert. Wenn du mehr negative oder positive Gedanken hast und fühlst, summiert sich ihr Effekt nicht, so wie man vielleicht annehmen könnte, sondern er ist eher multiplikativ. Das Gleiche gilt auch, wenn sich viele Menschen mit den gleichen Gedanken oder Gefühlen zusammen befinden. Die Wirkung ist also höher als die Summe der einzelnen. Bedenke dies immer, wenn du dich in einer Gruppe von negativ denkenden Menschen befindest. Mein Rat für solche Fälle: Entferne dich aus dieser Gruppe so schnell, wie du kannst.

*Zeitliche Verzögerungen*

Unsere Gedanken befinden sich in einer feinstofflichen Materie, ebenso wie alles andere geistige. Die Resultate finden aber meistens in unserem Lebensumfeld statt, also einer grobstofflichen Materie, die alles langsamer macht. Wir dürfen daher nicht erwarten, dass alles, was wir denken, auch sofort physisch eintritt. Es gibt eine zeitliche Verschiebung dazwischen, die absolut normal ist. Aus eigener Erfahrung kann ich sagen, dass die Dinge im Durchschnitt sieben bis zehn Tage nach dem geistigen Manifestieren eintreten, wenn man es richtig macht.

Natürlich liegt es auch etwas am Grade der Komplexität des Gewünschten.

Diese zeitliche Verschiebung siehst du vielleicht zunächst als einen Nachteil an, aber sie hat auch ihre Vorteile. Denke noch einmal an die mehr als 60.000 Gedanken, die jeden Tag durch unseren Kopf gehen. Stell dir nun vor, dass jeder davon sofort in Erfüllung ginge. Das wäre ein großes Desaster, nicht wahr? Durch die zeitliche Verzögerung haben wir zum einen die Möglichkeit, die Dinge nochmals zu überdenken, ob wir sie wirklich so wollen, wie wir sie gerade vor zwei Sekunden gedacht haben. Denn wir reagieren ja doch oft recht impulsiv. Zum anderen gibt es uns aber auch die Chance, jene Gedanken zu verstärken, die für uns wirklich wichtig sind und negative Gedanken noch zu korrigieren oder gehen zu lassen. Das ist bestimmt auch ganz praktisch.

*Es wird das manifestiert, dem wir unsere Aufmerksamkeit schenken*

So funktioniert das Universum. Die Dinge und Geschehnisse, denen du Aufmerksamkeit schenkst, die manifestieren sich in deinem Leben, das heißt, du nimmst sie bewusst war. Alles andere ist natürlich auch da, aber du nimmt es nicht wahr. Daher funktioniert das Gesetz der Anziehung. Du ziehst das zu dir an, worauf du deinen Fokus richtest. Und je mehr wir etwas Aufmerksamkeit schenken, desto mehr bekommen wir davon. In anderen Worten: In dem großen Katalog des Versandhauses des Universums existiert alles, aber auf einem Niveau, wo wir es noch nicht sehen können. Mit der Aufmerksamkeit, die wir auf etwas richten, manifestieren oder erschaffen wir es in unserer sichtbaren Welt. Und damit kommt es in unser Leben. Ohne Bewertung, ob es positiv oder negativ ist!

*Wem oder was ich meine Aufmerksamkeit schenke, dessen werde ich mir bewusst.*

HELMAR RUDOLPH

## Eine einfache Veranschaulichung des Gesetzes der Anziehung

Bis hierher hast du bestimmt schon einiges mehr verstanden, wie das Gesetz der Anziehung funktioniert. Aber wenn du wie die meisten Menschen auf etwas völlig Neues reagierst, wirst du wahrscheinlich noch etwas ungläubig sein. Vielleicht klingt es dir einfach zu schön, um wahr zu sein. Dagegen hilft eigentlich nur eins: ausprobieren. Denn auch, wenn etwas für andere gültig ist, bedeutet das ja noch nicht automatisch, dass es auch für dich gelten muss, oder? Bitte nehme die Möglichkeit wahr und probiere die Wahrhaftigkeit des Gesetzes der Anziehung nach dem Lesen dieses Buches unbedingt aus!

---

*Aber nun das vereinfachte Beispiel, wie das Prinzip funktioniert.*

*Stell dir vor, du kannst beim Versandhaus des Universums einfach alles bestellen. Es gibt keine unmöglichen Wünsche. Nur kann es passieren, dass einige Dinge etwas länger dauern als andere. Dieses Versandhaus des Universums hat einen riesigen Katalog, in dem du nur auswählen musst. Was möchtest du jetzt gerade in deinem Leben haben? Fühlst du diese Riesenauswahl überwältigend und weißt angesichts so vieler Möglichkeiten gar nicht mehr, was du eigentlich willst? Ja, das kann passieren. Nur zu, stöbere ein bisschen in dem Katalog, was dich am meisten anspricht. Dann sage es dem Universum mit klarer Stimme. Nein, nicht zaghaft und leise. Man hat ja das Gefühl, dass du meinst, dass du es gar nicht verdienst. Du darfst alles haben, was du willst. Glaub es mir. Es gibt keine Begrenzungen. Aber sag es laut! Gut, jetzt hast du es gesagt, aber es war nur ein kleiner Wunsch. Vielleicht ein kleiner Geldbetrag? Du darfst um mehr bitten. Versuch es nochmal. Ah, du meinst, dass dann vielleicht nicht mehr genug für die anderen übrig ist oder dass man schlecht über dich reden wird? Vergiss doch endlich einmal deine Bedenken und Zweifel!*

---

Geht es uns nicht oft so im Leben? Wir beschweren uns tagein und tagaus darüber, was uns alles fehlt, aber wenn wir sagen sollen, was wir haben wollen, dann wissen wir plötzlich gar nicht mehr so recht, was das eigentlich ist. Wir stecken fest in dem, was wir nicht wollen. Kein Wunder, dass wir nicht das bekommen, was wir wollen, sondern nur mehr von dem, was wir nicht wollen.

Denn das Universum funktioniert so. Es „hört" einfach, woran wir denken. Und da es neutral ist, ist ihm auch egal, ob dies gut oder schlecht für uns ist. Die Logik ist so: Das, woran du immer denkst, womit deine Gedanken konstant beschäftigt sind, das ist es, was dich interessiert und das wird sicher gut für dich sein. Und das bekommst du dann. Wenn nicht, warum denkst du dann daran? Eine einfache Logik, nicht wahr? Wir Menschen sind Spezialisten darin, die Dinge zu komplizieren.

---

*Beispiel:*

*Du denkst, dass du zu wenig verdienst und sagst, dass du nicht mehr so wenig verdienen willst. Ein sehr logischer Gedanke, wenn das so ist. Aber ein negativer Gedanke.*

*Was hört das Universum immer wieder? Wenig verdienen.*

*Was bekommst du? Einen niedrigen Verdienst, auch wenn du die Arbeit wechselst. Denn das ist deine Frequenz, ein niedriges Einkommen. Und auch, wenn du es deinem nächsten Vorgesetzten nicht so sagst, diese Frequenz strahlst du aus. Darum bekommst du mehr davon, vom niedrigen Verdienst, wohlgemerkt.*

---

Das andere Beispiel ist, dass wir oft so viele Dinge im Leben wollen, dass wir gar keine Prioritäten mehr setzen. Wir müssen uns aber darüber klar sein, was unsere Priorität ist, denn auf alles auf einmal können wir unsere Gedanken nicht konzentrieren. Dann entsteht ein Chaos. Und das Universum versteht nicht mehr klar, was wir wollen. Es gibt also keine klaren Instruktionen mehr. Oder sieh es so: Wenn du in den Supermarkt gehst, kannst du auch nicht alles auf einmal in den Einkaufskorb legen. Du musst die verschiedenen Gänge der Reihe nach ablaufen.

Eine weitere Frage. Warum sagst du nicht klar und deutlich, was du willst? Vielleicht haben uns unsere Eltern und die Gesellschaft so erzogen, dass wir bescheiden sein müssen und nie fordern dürfen, aber so funktioniert das Universum nicht. Was brauchst du wirklich? Selbst, wenn du „verrückt spielst" und zu viel „bestellst", wirst du das nach kurzer Zeit lassen und gar nicht mehr wollen, weil du merkst, dass alles da ist und keine wirkliche Knappheit herrscht. Das Gefühl der Knappheit ist ein sehr menschliches Gefühl, aber völlig falsch, wenn wir vom Universum, also der „reellen Wirklichkeit" sprechen.

Erinnere dich dazu an Folgendes. Alles ist nur ein Geisteszustand. Erst von da aus werden die Dinge oder

Ereignisse ins Grobstoffliche manifestiert. Man wird also nicht auf einer physischen Ebene erschaffen, sondern auf einer mentalen. Und dort ist alles schon da, alles was du und jeder andere sich vorstellen kann. So oft und so viel du willst. Es gibt keine Grenzen, es geht auch nichts aus, und Knappheit herrscht schon gar nicht. Die Idee des Mangels existiert nur in unserem Kopf. Im Feinstofflichen gibt es also alles unbegrenzt. Es muss nur noch durch unsere Gedanken in unsere dichtere, grobstofflichere Welt geholt werden, da wir es sonst in unserer dreidimensionalen Welt nicht sehen können. Die Begrenzung liegt also in der „Dimension", wobei das Wort Dimension hier nicht mit dem mathematischen Konzept verwechselt werden sollte. Es ist nur eine mittlerweile eingebürgerte und akzeptierte Art, von einer bestimmten Schwingung zu reden. 3D ist dabei eine recht niedrige Schwingung, die wie ein Schleier für viele Dinge ist, und uns deshalb eine begrenzte Wahrnehmung der Realität gibt.

Versuche auch nicht, herauszufinden, wie es das Universum macht, uns all das zu geben, was wir wollen. Erstens sind wir dazu nicht in der Lage, es sind also verrückte Träume. (Aber du kannst das Universum bitten, dass du mehr lernen kannst. Und ich garantiere dir, dass auch das funktioniert, wenn du dafür fertig bist.) Und zweitens ist es nicht deine Aufgabe, das zu erkundschaften. Wenn du dir ein Auto kaufst, fragst du ja auch nicht, bevor du es zum ersten Mal fährst, wie es genau zusammengebaut wurde. Und wenn du ins Restaurant gehst, erfreust du dich an der ausgezeichneten Mahlzeit, gehst aber nicht vorher in die Küche und siehst dem Koch die ganze Zeit über die Schulter, wie er dir das Essen zubereitet. Akzeptiere daher auch einfach die Gaben des Universums. Wenn du anfängst nachzufragen, ist der Zauber vorbei.

Es gibt auch Überraschungen und Ausnahmen. Das Universum handelt manchmal auf unerwartete und ungeahnte Art und Weise, was aber nicht heißt, dass es schlechter für uns ist. Es gibt ein höheres Prinzip, das besser weiß, was gut für uns ist. Lass es ruhig eingreifen, wenn es notwendig ist, und oft hat es eine viel bessere Gabe als die, die wir uns gewünscht hatten.

Und wie ist es mit den Dingen, die nicht gut für uns sind oder um die wir nicht bitten sollten? Ganz einfach, du siehst sie im Katalog des Versandhauses einfach nicht, auch wenn sie abgebildet sind. Sie gehören nicht zu deinem Frequenzbereich. Du wirst sie deshalb auch gar nicht erst suchen. Du wirst immer nur das suchen und haben wollen, was für dich das Richtige ist. Das kann natürlich auch etwas zum Lernen sein.

## Wer bestimmt über dein Leben?

Wenn dein Leben nicht so funktioniert, wie du es willst, dann liegt es daran, dass du das Ruder aus der Hand gegeben hast. Das bedeutet, dass du zugelassen hast, dass jemand anders über dein Leben bestimmt. Dies ist dann unsere äußere Welt, aber sie tut dies normalerweise nicht mit bösem Willen. Oder es kann unser Unbewusstsein sein, das für uns agiert. Aber so kann unser Leben natürlich nicht richtig funktionieren.

Wenn du nicht entscheidest, was du für dich willst und dies durch deine Gedanken manifestierst, dann greift die äußere

Welt ein und schreibt das Drehbuch deines Lebens. Drehe also den Spieß um und übernimm das Ruder. Das heißt: Achte auf das, was in deinen Kopf vorgeht. Woran denkst du den größten Teil des Tages? Wie fühlst du dich normalerweise? Das sind deine Indizien, die dir helfen werden, zu erkennen, wie weit du von deinem Traumleben entfernt bist. Ändere dann notfalls deine Gedanken von negativen Aussagen in positive. Dadurch wirst du eine gesamte Änderung deiner Schwingung verzeichnen können.

# Kapitel 2 – Beweise aus der Wissenschaft

Das Gesetz der Anziehung besagt, dass Gleiches Gleiches anzieht, aber auch, dass so wie unsere Innenwelt auch unsere Außenwelt ist und umgekehrt. Als universelles Gesetz hat es immer Gültigkeit und ist auf alles anwendbar. Speziell bedeutet das, dass unsere Gedanken- und Gefühlswelt einen direkten Einfluss auf unsere Lebensumstände und -erfahrungen hat. Diese Analogie kann man gebrauchen, um sein Leben in die gewünschten Bahnen zu lenken, indem man seine eigene Gefühls- und Empfindungswelt bewusst und konkret ändert und so ein Leben nachhaltig umgestaltet.

Diese Erkenntnis wurde bereits mehrfach im 19. Jahrhundert, aber auch von einigen Autoren der Antike erklärt, ohne dass hierzu jedoch zu jener Zeit wissenschaftliche Beweise geliefert wurden. Auch in vielen religiösen Schriften, unter anderem der Bibel, wird das Gesetz der Anziehung immer wieder angesprochen. Das bewirkte, dass viele Menschen diese Lehren als pure Esoterik bezeichneten, da sie gemäß dem Stand der Wissenschaft zu jener Zeit keine wissenschaftlichen Grundlagen hatten oder bekannt waren.

Durch die Erkenntnisse der Quantenphysik von Albert Einstein und anderen Wissenschaftlern im letzten und diesem Jahrhundert wissen wir jedoch heutzutage, dass alles, was existiert, in Wirklichkeit Energie ist und damit eine Schwingung hat, da alles ständig in Bewegung ist. Dies wiederum belegt somit das Gesetz der Schwingung, in dem die drei Eingeweihten der Antike als Autoren der Hermetischen Gesetze uns dies bereits mitteilten.

Diese Schwingungen variieren, je nach der zugrunde liegenden Energie. Auch unsere geistige Innenwelt ruft Schwingungen hervor, die je nach Art und Stärke des Gedankens oder des Gefühls verschieden sein können. Auch die Aufzeichnungen der Tomographien unserer Gehirnwellen in den Neurowissenschaften haben diese Erkenntnis mittlerweile bewiesen. Man kann dort sehr einfach sehen, dass verschiedene Gedanken und Empfindungen in sehr unterschiedlichen Graphiken als Aufzeichnungen resultieren.

Eine weitere Erkenntnis der Quantenphysik, die auf dem vorher Gesagten basiert, ist, dass durch diese Schwingungen alles im Universum verbunden ist, unabhängig von der Distanz, die nur eine Illusion unserer dreidimensionalen Erfahrung ist. Eben durch diese Verbindung von allem existiert die räumliche Distanz in Wirklichkeit nicht, auch wenn wir dies bewusst nicht erkennen oder fühlen können. Aber es handelt sich hierbei nicht nur um eine Verbindung, sondern auch um eine Interaktion der verschiedenen existierenden Schwingungen. Wenn sie affin sind, erzeugen sie Resonanz. Und dies funktioniert natürlich auch, wenn wir uns dessen nicht bewusst sind, da es sich um ein Naturgesetz handelt.

Ich gebe dir ein einfaches Beispiel, aus dem du dies erkennen kannst, das die meisten Besitzer von Haustieren sicher nachvollziehen können. Meine Katze weiß im Voraus, wann ich nach Hause komme, auch wenn dies immer zu verschiedenen Zeiten passiert. Mein Sohn hat mir bestätigt, dass sie schon zur Tür läuft und sich davorsetzt, wenn ich noch auf der Straße bin. Sie kann es auch nicht daran erkennen, weil sie eventuell den Schlüssel in der Haustür hört und meine Schritte draußen vor der Tür, da wir in einer Wohnung im ersten Stock eines Gebäudes wohnen, wobei die Wohnung zu anderen Seite der Straße geht als die Eingangstür des Gebäudes. Sie erwartet mich einfach schon vorher, da sie weiß, dass ich in ein paar Minuten komme und die Tür aufmache. Haustierbesitzer wissen, dass es eine enge Verbindung zwischen ihnen und ihren vierbeinigen Gefährten gibt, die wir Menschen, ich will nicht sagen nie, aber doch meist nur selten so fühlen und nachempfinden können.

Wenn ich mich ein wenig tiefer in die Quantenmechanik begebe, kann ich es dir so erklären: Jedes Atom hat einen Atomkern und Elektronen. Zwischen dem Atomkern und den Elektronen existiert ein riesiger Raum, der normalerweise als Vakuumbereich bezeichnet wird, obwohl er von Leere wenig hat. Aber er hat keine Masse. Alles, was existiert, besteht aus Atomen, hat also auch diesen „Vakuumbereich“. Er macht, da er im Vergleich zum Atomkern und den Elektronen so riesig groß ist, 99,999999999 % (99 mit neun

Neuen nach dem Komma) von allem aus. Dieser Bereich ist das Meer aller Möglichkeiten. Durch unsere Gedanken und Gefühle wird ein Teilchen mit der ihnen entsprechenden Frequenz aus diesem Meer herausgenommen und erhält Bedeutung. So entsteht aus ihm Materie.

Nun existiert ein fließender Übergang zwischen allen Räumen des Möglichen, also unserem eigenem, dem unserer Umgebung, der Erde, der Atmosphäre, des Kosmos und des Universums. All diese Räume sind in Wirklichkeit identisch, auch wenn wir sie als verschiedene Räume wahrnehmen. Aus all diesem „Vakuum" manifestieren wir also, und es wird dann etwas als Materie abgespeichert. Das, was wir abspeichern, bleibt im Universum für immer erhalten. Bist du dir nun des Potentials deiner Gedanken bewusst, aber auch der Verantwortung, die dies mit sich bringt? Und bist du dir nun auch bewusst, warum wir alle im Prinzip die gleichen Möglichkeiten haben? Wir fischen sozusagen alle im selben Meer der Möglichkeiten.

Wenn wir unbewusst manifestieren, geben wir den Dingen durch unsere Gefühle Sinn und Bedeutung, denn unsere Gedanken im bewussten Bereich sind ja nicht damit beschäftigt.

Wir können also sagen, dass unsere Gedanken und dabei entstehenden Gefühle dafür verantwortlich sind, was mit uns passiert. Erwartungen und Hoffnungen sind also Gefühle, die unsere Frequenz senken oder erhöhen. Es liegt also ganz an dir, was du daraus machst.

Nutzen wir also das Resonanzgesetz, um bewusst die schöpferische Kontrolle über unser Leben zu übernehmen.

*Achte auf deine Gedanken, denn sie werden Worte. Achte auf deine Worte, denn sie werden Handlungen. Achte auf deine Handlungen, denn sie werden Gewohnheiten. Achte auf deine Gewohnheiten, denn sie werden Charakter. Achte auf deinen Charakter, denn er wird dein Schicksal.*

TALMUD

# Kapitel 3 – Wo kann man das Gesetz der Anziehung anwenden?

Ganz einfach: überall! Das Universum hat für uns Fülle und Überfluss in allen Bereichen, wenn wir bereit sind, sie zu akzeptieren. Lass uns dies einmal im Detail ansehen. Denn um ein glückliches und ausgefülltes Leben zu haben, müssen wir diese Fülle in allen Bereichen unseres Lebens fühlen können, nicht nur in einigen. Wenn nur einige Bereiche unseres Lebens funktionieren, bedeutet dies, dass wir das Gesetz der Anziehung noch nicht richtig angewendet haben.

## Beruf & Karriere

Bist du unzufrieden mit deinem aktuellen Berufsleben? Möchtest du einige Stufen auf der Karriereleiter hochklettern, weißt aber nicht wie? Oder bist du noch auf Arbeitssuche? Das Gesetz der Anziehung kann dir helfen, diese Situation zu ändern, den beruflichen Durchbruch, Erfolg und ein gutes Gehalt zu manifestieren. Vergiss nur nicht, dass du auch etwas dazu tun musst, damit alles in Bewegung gerät.

*Was ist der passende Job?*

Ich glaube, die Antwort auf diese Frage ist in der Theorie einfach, aber irgendwie stimmt sie nicht immer mit der Realität in der Praxis überein: Eine Arbeit, die unserem Wissensstand und vor allem unseren Interessen entspricht, bei der wir noch mehr lernen können, und zwar bzgl. unseres berufliches Themas, aber auch noch darüber hinaus, bei der unser Schaffen anerkannt und geschätzt wird, mit einem angenehmen Arbeitsklima, mit einem menschlichen Chef, wenn es einen gibt, mit einer akzeptablen Arbeitszeit, die vielleicht am besten flexibel ist, bei der wir gut verdienen und die Möglichkeit haben, aufzusteigen. Reicht dir das fürs erste? Wie einfach ist es, das zu bekommen?

---

*Ein Beispiel hierfür:*

*Du bist arbeitslos, sitzt zu Hause herum und grübelst darüber nach, was du tun könntest, um an einen akzeptablen Job zu kommen. Trotz Gesetz der Anziehung fällt das Geld selten vom Himmel, aber es ist doch so notwendig. Also setzt du dich hin, denn du hast ja viel Zeit und weißt, wie das Gesetz der Anziehung funktioniert, und manifestierst deinen Traumjob.*

*Deine Erfahrungen bei deiner Jobsuche bisher sind leider mehr als deprimierend.*

*Du würdest gerne im Verlagswesen arbeiten, aber wo du auch immer dein Curriculum abgegeben hast, wird dir gesagt, dass die Stelle schon vergeben ist, oder dass sie einen besseren Bewerber gefunden haben, dass du es später noch mal versuchen sollst, etc. Du fühlst dich frustriert, untauglich und so, als ob du nie eine Chance bekommen wirst. Es wird jeden Tag schwerer für dich, die positiven Gedanken aufrecht zu erhalten und das Gefühl deines Traumjobs zu manifestieren, aber du machst weiter. Du kommst an den Punkt, wo du dich fragst, was eigentlich genau dein Traumjob ist. Wer weiß, du bist dir gar nicht mehr so sicher…*

*Eines guten Tages ruft dich eine Freundin an und sagt dir, dass in einem kleinen Café bei ihr um die Ecke jemand für die Kaffeetheke gebraucht wird. Deine Arbeit wäre, den Kaffee in der Maschine zuzubereiten, ihn den Leuten zu servieren, die Theke und Tische sauber zu halten und die Tassen etc. wieder zu spülen. Na ja, nicht gerade dein Traumjob, aber besser als nichts. Du präsentierst dich also und bekommst den Job auch sofort. Die erste positive Erfahrung: Du hast eine Arbeit bekommen. Auch wenn sie nichts mit dem zu tun hat, was du eigentlich machen wolltest, bist du froh, erst mal eine Einnahmequelle zu haben, obwohl deine Bezahlung natürlich nichts Großartiges ist. Und du grübelst nicht mehr nur herum, sondern bist beschäftigt.*

*Das heißt natürlich nicht, dass du deinen Traum von einem zu dir passenden Job in einem Verlag vergessen oder zu den Akten gelegt hast. Aufgeschoben ist nicht aufgehoben. Dir ist klar, dass diese aktuelle Arbeit nur ein Schritt auf dem Weg dorthin ist und du aus irgendeinem Grund jetzt bei dieser Arbeit sein musst. Daher nimmst sie in diesem Sinne als eine Brücke gerne an und machst die Arbeit gut und mit einer positiven Einstellung. Du merkst, dass es dir Spaß macht, mit den Leuten, die auf einen Kaffee vorbei kommen, ein wenig zu reden. Wie gut, dass du aus deiner Wohnung herausgekommen bist. Du vertraust dem Universum, dass der richtige Job schon kommen wird. Irgendwo dort draußen ist er schon, aber du kennst ihn noch nicht.*

*Auch die Menschen, die vorbei kommen, um einen Kaffee zu trinken, freuen sich über deine positive Art und Freundlichkeit. Sie reden gerne ein paar*

*Worte mit dir. Irgendwie haben sie das Gefühl, nachher beschwingter aus dem Café zu gehen. Eines Tages setzt sich ein Mann an die Theke und erzählt dir, dass er eine Person braucht, die von der Pieke an in seinem kleinen Verlagshaus arbeiten möchte, da er sie für größere Aufgaben in der Zukunft komplett ausbilden möchte. Er erzählt dir ein bisschen mehr von seiner Firma und dass scheinbar niemand bereit ist, von unten anzufangen. Du glaubst, du hörst nicht richtig. Hier servierst du Kaffee und wäscht die Tassen, und dort draußen existiert ein Job, der dir die Möglichkeit gibt, all das zu lernen, was du genau willst. Dein Traumjob hat dich gefunden! Und ohne, dass du genau wusstest, was er überhaupt war.*

*****

*Was können wir aus diesem Beispiel lernen?*

*Der Traumjob hat sich nicht von vorne herein manifestiert, weil es dir nicht klar war, was er genau war.*

*Du hast zunächst einen einfachen Job gefunden, der dir aber half, das zu dem Moment größte Problem zu lösen: das finanzielle. Das Universum ist weiser als wir. Du hast nicht nur den vermeintlichen Traumjob manifestiert, sondern vor allem Geld, auch wenn du dir dessen vielleicht gar nicht bewusst warst.*

*Dieser einfache Job war in der Tat eine Brücke, mit deren Hilfe du zu dem Traumjob kommen konntest. Du warst zur richtigen Zeit am richtigen Ort, dafür hat das Universum gesorgt. Aber dieser Job war auch notwendig, um zu verstehen, dass es manchmal wichtig ist, einfache Tätigkeiten auszuüben. Nichts ist minderwertig, alles hat seinen Grund und hilft uns, zu lernen.*

*Deine immer positive Einstellung hat es ermöglicht, dass du weiterhin auf feinstofflichem Niveau mit deinem Traum in Verbindung bleiben konntest. Die einfache Beschäftigung ließ dir dafür Zeit. Außerdem warst du auf diese Weise offen für das, was kam.*

*Nicht alles geschieht immer sofort, wenn wir etwas manifestieren. Für das Universum existiert die Zeit nicht. Dein*

*Vertrauen in ein wohlwollendes Universum hat einfach die notwendigen Hebel in Bewegung gesetzt, damit das Gewünschte eintreten konnte.*

---

*Tipps zum Thema Beruf & Karriere*

- Sag dem Universum nicht einfach, dass du viel Arbeit willst, in der Hoffnung, dass du dann auch viel Geld verdienst. Das ist nicht unbedingt eine logische Schlussfolgerung. Arbeit und Geld sind keine Synonyme. Das Universum kann dir viel Arbeit schicken, aber sehr schlecht bezahlte, oder so viel, dass dir die 24 Stunden, die der Tag hat, nicht ausreichen werden, um sie zu erledigen. Das wirst du aber wahrscheinlich nicht wollen. Sag dem Universum also, was du wirklich brauchst.
- Es ist kein gutes Gefühl, um mit dem Gesetz der Anziehung etwas zu erreichen, wenn du auf andere Kollegen oder Mitmenschen und das, was sie erreicht haben, neidisch bist. Ein negatives Gefühl zieht mehr Negatives an. Bewundere sie lieber ehrlich für das, was sie erreicht haben, und vertraue darauf, dass auch du das für dich Richtige erreichen wirst.
- Achte in der Arbeit darauf, mit welchen Menschen du dich umgibst. Wenn es Personen sind, die unzufrieden sind und sich über alles beschweren, wirst du dich von ihrer Mentalität auf Dauer anstecken lassen. Andererseits wirst du aber auch

von deinen Vorgesetzen in dieser Begleitung wahrgenommen und abgestempelt, auch wenn du vielleicht gar nicht so denkst. Das gilt natürlich auch für andere Aspekte deines Arbeits- und sonstigen Lebens.

- Wenn du dich nur darauf verlässt, dass alles auf wunderbare Art und Weise vom Himmel fällt, dann kann es sein, dass du zwar deinen Traumjob findest, ihn aber auch wieder verlierst. Du musst dich also schon anstrengen und deine Arbeit mit Elan, Verantwortung und Motivation erledigen. Diesen Teil kann dir das Universum nicht abnehmen.

Ein englisches Sprichwort sagt:

> *Success breeds success (Erfolg führt zum Erfolg)*

Dies gibt genau wieder, wie das Gesetz der Anziehung funktioniert. Wenn du Erfolg willst, richte deine Gedanken darauf und arbeite daran.

# Finanzen & Reichtum

Es gibt ein interessantes Phänomen: Wir Menschen messen unseren „Wichtigkeitsgrad“ und unser Selbstwertgefühl daran, wie es uns finanziell geht. Ohne Geld fühlen sich die Menschen normalerweise nicht gut, und das wirkt sich dann natürlich auch auf die anderen Lebensbereiche aus. Sie haben ein doppelt schlechtes Gefühl. Zum einen gegenüber sich selbst, sie fühlen sich wie Nichtsnutze und Nieten, wenn sie kein oder nicht genug Geld generieren können, um würdig zu leben. Aber auf der anderen Seite haben sie dann auch gegenüber dem Geld ein schlechtes Gefühl, so, als ob es schlecht wäre oder sie es nicht haben dürften. Beide Gefühle ändern sich schlagartig, wenn sie mehr Geld verdienen, anderweitig bekommen oder haben.

Leider passiert es sehr oft in der Welt, dass uns das Geld nicht ausreicht, und, egal was wir tun, einfach nicht mehr hereinkommt.

*Was machen wir falsch bzgl. der Anziehung von mehr finanzieller Freiheit?*

Wenn dies dein Fall ist, überprüfe einmal, welches deine Gefühle gegenüber dem Geld sind. Ich beziehe mich hier auf das Geld im Allgemeinen, nicht deinen persönlichen Geldmangel. Was bedeutet Geld für dich?

Denkst du vielleicht, dass Geld etwas ist, was knapp ist und dass deshalb nicht genug für alle da ist bzw. sein kann? Wenn das deine Idee ist, dann vergiss das gleich. Geld gibt es genug, mehr als genug und viel mehr als wir uns vorstellen können und als die ganze Menschheit ausgeben kann. Geld ist nur eine künstliche Form, mit der wir den Wert der Dinge widerspiegeln. Letztendlich ist es also nichts Physisches und Reelles, sondern nur eine digitale Ziffer in den großen Computern der Banken, und diese haben kein Problem damit, mehr zu produzieren. Die Geldscheine und –münzen, die du in deinem Portemonnaie hast, sind nicht das Geld, das es gibt, und es existiert auch nur ein ganz kleiner Teil des Geldes in

Geldscheinen und –münzen. Mach dir also deshalb keine Sorgen.

Was ist Geld dann? Das verdiente Geld ist eine Art von Belohnung oder Anerkennung für eine erbrachte Leistung.

Wie fühlst du dich, wenn jetzt in deiner Familie vom Thema Geld gesprochen wird? Unwohl oder enthusiastisch? Das ist es, was zählt. Wenn dich dieses Thema wohlfühlen lässt, solltest du eigentlich keine großen Probleme mit dem Geld haben. Und Menschen, denen es normalerweise leicht fällt, Geld zu verdienen, können sogar alle ihre Besitztümer verlieren. Sie fangen von neuem an und sind nach kurzer Zeit wieder da, wo sie vor ihrem Bankrott waren. Das zeigt, dass es nicht am fehlenden Geld liegt, Geld zu verdienen, sondern an etwas anderem: an deiner Einstellung zu ihm!

Es ist richtig: Geld zieht mehr Geld an. Wer schon Geld hat, hat es einfacher, mehr zu generieren. Aber es liegt auch daran, dass diese Person eine positive Einstellung zum Geld hat. Was glaubst du, ist schwerer zu verdienen: 100 Euro, 10.000 Euro oder 1.000.000 Euro? Frag mal jemand, der normalerweise kein Geld hat, ob es einfach ist, Geld zu verdienen, und er wird dir mit ziemlicher Sicherheit sagen, dass es sehr schwer ist, auch nur wenig Geld zu verdienen, sagen wir mal die 100 Euro. Größere Beträge sind definitiv Luftschlösser für ihn. Nun frag jemand, dem es mittelmäßig geht, und er wird dir wahrscheinlich sagen, dass er nicht leicht ist, Geld zu verdienen und 10.000 Euro eine große Summe für ihn ist. Und nun fragst du jemand, der sehr viel Geld hat, ob es einfach ist, eine Million Euro zu verdienen, und er wird dir lachend sagen, dass das überhaupt kein Problem ist. Woran liegt das? An den Gedanken und der Einstellung zum Geld.

Und es ist auch richtig, dass sich weltweit etwa 97 % des Wohlstandes in den Händen von 3 % der Bevölkerung befindet und damit umgekehrt auch 3 % des Wohlstandes in den Händen von 97 % der Bevölkerung, und die Tendenz ist, dass dies sich in Zukunft noch weiter zuspitzt, wenn wir nicht etwas dagegen tun! Und das bedeutet nicht, den Reichen ihr Geld wegzunehmen, sondern umzudenken. Denn das muss nicht so sein. Du kannst auch so viel Geld haben. Ich weiß, du glaubst es mir noch nicht.

Wie fühlt sich eine arme Person? Arm! Womit sind ihre Gedanken den ganzen Tag über beschäftigt? Mit dem fehlenden Geld und wie sie über die Runden kommen soll. Und genau das bekommt sie vom Universum zurück. Mehr von demselben.

Nun denk einmal zurück an deine Kindheit? Wie wurde über das Geld gesprochen und über Menschen, die viel Geld haben? Vielleicht gab es zu Hause öfter Probleme wegen der Finanzen und dies war ein Punkt, wenn es Streit zu Hause gab. Solange nicht vom Geld gesprochen wurde, war alles in Ordnung. Zumindest erschien dir das als Kind so. Diese Dinge prägen sich tief in unserem Unterbewusstsein ein. Und noch heute wirst du Geld möglicherweise mit Konflikten assoziieren. Und wer möchte schon ständig Streit haben?

Oder es herrschte in deiner Familie die Meinung, dass nur Menschen, die ihre Mitmenschen ausbeuten, viel Geld haben könnten, das dies anders nicht möglich wäre. Und du willst natürlich kein Ausbeuter sein. Also limitierst du dein

Unterbewusstsein, damit du nie in diese Kategorie von Menschen fallen kannst.

Oder du hast gehört oder erlebt, dass jemand wegen seines Vermögens erpresst oder beraubt wurde. Und das ist natürlich auch nichts Erstrebenswertes. Also hat man lieber nicht so viel Geld.

Und dann hast du vielleicht auch von Menschen gehört, die plötzlich eine große Erbschaft gemacht oder im Lotto gewonnen haben, und dann das gesamte Geld verspielen, vertrinken oder anderweitig in kürzester Zeit verschleudern. Macht uns Geld dann zu schlechten Menschen? Nein. Aber Geld holt aus uns heraus, was wir wirklich sind. Es kann daher aber auch nicht einen guten Menschen in einen schlechten Menschen verwandeln. Geld ist immer nur ein Mittel zum Zweck.

Wenn es bei dir zu Hause nicht viel Geld gab, als du klein warst und dir deshalb viele unschuldige Kinderwünsche nicht erfüllt werden konnten, kennt du bestimmt Aussagen deiner Eltern wie: „Das Geld wächst nicht auf Bäumen." – „Ich bin doch nicht Rockefeller." – „Um Geld zu haben, muss man hart arbeiten." In anderen Worten, für euch war es nicht einfach, Geld zu haben, das, was da war, wurde für wichtigere Dinge gebraucht, und es wurde dir geklärt, dass es schwer ist, gutes Geld zu verdienen, und dass es nicht geht, ohne hart dafür zu arbeiten.

Falsch! Aber alle diese Ideen haben sich in deinen Gedanken und deinem Unterbewusstsein eingenistet, und in denen vieler anderer Menschen. Bedenke, dass du dies seit deiner Kindheit so erlebt hast und zu der Zeit kein Kriterium hattest, um zu analysieren, ob dies richtig oder falsch, gut oder schlecht ist. Aber deine Eltern sind nicht die Schuldigen. Sie haben einfach nach ihrem Wissensstand gehandelt. Heute hast du die Möglichkeit, mehr zu erfahren und deinen Kindern ein besseres Leben zu bieten. Ich würde sagen, das ist schon sehr viel.

*Wie kannst du mit dem Gesetz der Anziehung also den Traum deiner finanziellen Freiheit leben?*

Wer Geld und Reichtum anziehen möchte, muss sich mit dem Geld gut verstehen. Das Geld muss also dein Freund werden. Arbeite daher bewusst gegen die bisher vorherrschende Vorstellung in deinem Kopf, die dir sagt, dass viel Geld nichts Gutes ist. Sonst wirst du weiterhin wenig oder gar kein Geld haben. Solange du ein Bewusstsein der Armut hast, wirst du in Armut leben. Das ist der Grund, warum der allergrößte Teil der Weltbevölkerung arm ist. Arme Menschen denken den ganzen Tag an Armut und welche Beschränkungen damit verbunden sind. Reiche Menschen denken anders. Das Wort Armut existiert in ihrem Wortschatz nicht, sie denken den ganzen Tag an Geld und mehr Geld (ohne Wertung).

Wenn du meinst, dass du- aus welchem Grund auch immer - dazu verdammt bist, arm zu sein, dann wird es so sein. Und so denken leider die meisten armen Menschen. Aber es ist nicht wahr! Der Unterschied zwischen reichen und armen Menschen ist, dass die reichen Menschen es wagen, nach mehr zu fragen, während es die armen Menschen nicht tun. Der Katalog des Universums ist derselbe für alle. Wenn du dort die Reichtümer siehst, kannst du sie auch bestellen.

Freunde dich bitte mit dieser Idee an. Es gibt genug Menschen auf der Welt, die arm, zum Teil sehr arm waren, und uns bewiesen haben, dass sie aus dieser Situation herauskommen konnten und heutzutage sehr wohlhabende Menschen sind.

Versteh das Thema also bitte so, wie Mike Todd es sehr zutreffend sagte:

> *Kein Geld zu haben, ist ein zeitlich begrenzter Zustand. Armut ist ein geistiger Zustand.*
> MIKE TODD

Wenn du also irgendwann in deinem Leben an den Punkt kommst, wo du dein ganzes Geld und deine sämtlichen Besitztümer verloren hast, dann denke an diesen Ausspruch. Du bist deshalb nicht arm. Du bist nur arm, wenn du dich selbst davon überzeugst. Aber selbst dann, wenn du arm bist, kannst du aus dieser Situation herauskommen.

Wenn du also die finanzielle Situation in deinem Leben verändern willst, dann musst du deine Gedanken auf Wohlstand kalibrieren, unabhängig davon, was deine aktuelle Situation ist. Du musst beginnen, Wohlstandsgedanken und –emotionen zu haben. Das heißt nicht, dass du nun anfängst, dir wie ein reicher Mensch alles, nur auf Kredit, zu kaufen, sondern dass du dein Bewusstsein änderst. Das kannst du zum Beispiel machen, indem du eine positive Einstellung zum Geld bekommst. Oft reicht es schon, die existierenden und unbewusst vorherrschenden Denkmuster an die Oberfläche unseres Bewusstseins zu bringen und mit Logik etwas genauer zu hinterfragen, um sie ins Wanken zu bringen. Außerdem kannst du Affirmationen und Visualisationen verwenden, die ich dir im praktischen Teil in Kapitel 4 erkläre. Wenn du das für eine Zeit wiederholst, änderst du deine persönliche Konditionierung und kannst Änderungen erreichen.

Frage dich konkret, wie viel Geld du haben willst. Es macht keinen Sinn nur zu wünschen, **mehr** Geld zu haben oder zu verdienen. Mehr können schon 50 Cent sein, aber das bedeutet sicher keine große Änderung für dich. Vergiss also ungenaue Aussagen und sei präzise. Was macht das Universum mit einer Bestellung von „mehr“? Wer weiß. Präzise Anweisungen sind immer gut.

---

*Ein Beispiel:*

*Ich gebe dir ein Beispiel aus meiner eigenen Erfahrung, wie und dass das Gesetz der Anziehung funktioniert.*

*Eine Person, nennen wir sie Peter, schuldete mir 680 Euro. Ich hätte nun einfach sagen können, ich wollte das Geld komplett zurück. Aber ich brauchte bis zum nächsten Freitag nur 300 Euro. Also sagte ich dem Universum, dass ich bis Freitagabend brauchte, dass Peter mir 300 Euro zurückzahlte. Wohlbemerkt, ich sagte es nicht Peter, aber ich wusste, dass er normalerweise erst abends nach der*

*Arbeit kommen könnte. Diesen Wunsch äußerte ich mit der Sicherheit, dass das Gewünschte geschehen würde.*

*Und was passierte? Genau und exakt das, worum ich gebeten hatte. Peter kam am Freitagabend, als ich das Geld erst brauchte, nicht eher, mit exakt den 300 Euro in der Hand, nur um mir das Geld zurückzuzahlen. Er hatte nicht einmal Zeit für einen Kaffee. Er hätte auch mehr von seinen Schulden abzahlen können, aber ich hatte dem Universum gesagt, ich brauchte 300 Euro, also bekam ich die.*

*Ich erinnere daran, ich hatte Peter nicht gesagt, dass ich die 300 Euro nun zurückgebrauchte und auch nicht, für wann.*

*Und als ich das Geld von ihm bekam und die Tür hinter ihm schloss, habe ich natürlich gelächelt und dem Universum „Danke" gesagt und zu mir selbst: „Das hat mal wieder hervorragend geklappt."*

*Nun frage ich dich: Was glaubst du, wie es besser ist? Deinen Wunsch an das Universum zu schicken und es handeln zu lassen oder Peter an seine Schulden zu erinnern?*

Gut, jetzt weißt du es: Gib eine klare Anweisung an das Universum. Wenn wir in unserem Fall von Geld sprechen, wirst du, vor allem am Anfang, Probleme haben, große Beträge zu fordern. Hier gibt es zwei wichtige Punkte, deren du dir bewusst sein musst.

Zum einen kannst du in Wirklichkeit nur das manifestieren, was dir glaubhaft erscheint. Auch, wenn du gerne zehn Millionen Euros hättest, kommt es dir möglicherweise doch mehr wie eine Illusion vor. Dieses Gefühl hilft dir nicht, diesen Betrag zu manifestieren. Dein Unterbewusstsein ist noch nicht bereit, diese Fülle als realisierbar zu akzeptieren, obwohl sie es ist. Das Universum gibt dir aber nur das, was du auch glauben, das heißt fühlen kannst. Fang also mit für dich akzeptierbaren Beträgen an.

Des Weiteren gibt es zwar Wunder, aber nicht alles funktioniert, indem du dich einfach in deinen gemütlichen Sessel setzt, manifestierst und es dir in den Schoss fällt. Oft müssen wir etwas dazu tun. Aber genau das ist Teil unserer kreativen Kraft, dass uns das Universum zeigt, den Weg plötzlich zu finden. Und wenn wir von Geld sprechen, bedeutet das im Allgemeinen, es zu verdienen. Und ich weiß, dass es dann für dich auch wahrscheinlich akzeptabler ist und besser „schmeckt".

Die Frage ist nun, wie viel Geld du haben möchtest. Dementsprechend musst du handeln.

Wenn du viel mehr Geld verdienen willst, kannst du das mit einem Bürojob nicht erreichen. Daher solltest du dir bewusst sein, auf welche Art und Weise man Geld verdienen kann.

Hier können wir im Großen und Ganzen drei Formen unterscheiden:

1. **Geld gegen deine Zeit bezahlt bekommen.** Dies ist sicher die am wenigsten effektive Strategie, um an Geld heranzukommen, auch wenn sie der allergrößte Teil der Bevölkerung (97 %) verfolgt. Das bedeutet normalerweise, in einem Arbeiter- oder Angestelltenverhältnis zu arbeiten, aber auch, wenn du auf unabhängiger Basis arbeitest, also dein eigenes Geschäft hast, arbeitest du üblicherweise so. Aber diese Strategie hat nicht nur einen, sondern sogar zwei Haken. Erstens ist Zeit ein begrenztes Mittel. Der Tag hat 24 Stunden, aber du kannst und solltest sie nicht einmal alle zum Arbeiten verwenden. Zweitens hängst du dabei, vor allem in einem vertraglichen Verhältnis, von anderen ab, und in unserer heutigen Welt werden bereits viele Stellen eingespart, das heißt, die Welt funktioniert nicht mehr so wie früher, wo man zumindest mit einer guten Ausbildung und Stelle sein Leben mehr oder weniger abgesichert hatte.
2. **Geld mit Investitionen verdienen.** Dies ist eine andere Art, Geld zu verdienen und kann auch zu mehr Verdiensten führen, allerdings auch zu großen Verlusten, wenn man nicht richtig beraten wird. Diese Art, Geld zu verdienen, wird von nur wenigen Personen (etwa 2 % der Bevölkerung) verfolgt. Und es ist auch klar, warum. Nur wenige Menschen haben

genug Geld zum Investieren, um damit interessante Beträge zu verdienen. Und du hängst, abgesehen von deinem Kapitel, wieder von anderen, in diesem Fall deinen Beratern, ab.

3. **Geld durch Synergieeffekte verdienen.** Dies macht wirklich gut nur eine kleine Gruppe von Menschen (1 % der Bevölkerung), verdient damit aber sehr viel Geld. Um den fortschreitenden Stellenverlusten vorzugreifen, sollten wir diese Form, Geld zu verdienen, als die Strategie der Zukunft betrachten. Hierbei kümmert man sich selbst bewusst darum, das Geld zu verdienen, aber indem man zusammen mit anderen Personen Leistungen erbringt, die allen dienen, und diese auch noch diversifiziert, also nicht seine Zeit verkauft.

Überlege dir nun also in Ruhe, welches die Geldsumme ist, die du verdienen willst. Schreibe dir diesen Betrag nun in großen Ziffern auf ein weißes Blatt. Wie gesagt: **GROSS** und hänge es dir an die Wand, wo du es täglich mehrfach siehst. Jedes Mal, wenn du es siehst, sagst du: „Ich verdiene ... Euro", auch, wenn du sie jetzt noch nicht verdienst.

Die nächste Frage ist nun, was du tun kannst, um diesen Betrag zu verdienen. Wenn du deinen Chef um solch eine Gehaltserhöhung bittest, wird er dich möglicherweise auslachen. Du hast aber entschieden, dass dieser Betrag für dich realistisch ist. Also gibt es auch eine oder mehrere Möglichkeiten, dort hinzukommen. Erinnere dich, du kannst **nur etwas für dich Vorstellbares manifestieren**, was auch machbar ist.

Versuche daher, den Betrag aufzuteilen. So sieht es einfacher aus. Du könntest das Geld aus verschiedenen Quellen bekommen. Oder du kannst detailliert analysieren, wie es machbar ist, an den Betrag zu kommen. Überlege dir, was du verbessern kannst. Es ist immer eine gute Idee, etwas zu tun, was auch anderen Menschen hilft. Diese Art von Aktionen hat eine höhere Schwingung und wird daher eher vom Universum registriert.

---

*Beispiel:*

*Du möchtest 200.000 Euro verdienen. In deinem Büro ist das unmöglich und es sieht auf Anhieb nach einem Riesenbetrag für dich aus. Also musst du eine andere Idee suchen. Bitte das Universum um Hilfe. Was machst du bzw. was kannst du noch machen? Da fällt dir ein: Du entwickelst abends zu Hause als Hobby Apps. Und du hast eine App für Übergewichtige schon fast fertig, um gezielt und personalisiert Gewicht zu verlieren. Du hast ein bisschen im Internet gesucht und festgestellt, dass du diese App für 10 Euro verkaufen kannst, ohne dass sie besonders teuer wäre. Du müsstest also 20.000 dieser Apps verkaufen, um an deine 200.000 Euros zu kommen. Das klingt schon realistischer für dich.*

*Der nächste Schritt ist nun zunächst einmal, die App fertigzustellen und zu prüfen. Danach musst du sehen, wie du am günstigsten Werbung für sie machst. Vielleicht kommt das Universum dabei mit ein paar guten Ideen oder Unterstützungsangeboten auf dich zu, wenn du soweit bist. Und dann könnte es funktionieren. Plötzlich sieht dein Wunsch gar nicht mehr so unerreichbar aus.*

*Wichtig sind also drei Dinge: Deine Gedanken in Richtung von deinem Wunsch bewegen, dich mit dem Projekt beschäftigen, d. h. deine Gedanken damit beschäftigen und das Notwendige tun, damit es klappt.*

---

*Noch einige konkrete Tipps zum Thema Geld & Finanzen:*

- Wenn du das Gefühl hast, dass du mehr Geld gebrauchst, ist das die falsche Nachricht an das Universum. Denn dahinter steht immer ein Gedanke des Mangels. Du solltest also nicht sagen: „Ich brauche Geld“, sondern dir vorstellen, wie du den gewünschten Betrag schon hast und was du mit ihm machen willst. Male es dir immer wieder mit allen Details im Kopf aus. Genieße es schon im Voraus. So funktioniert es.

- Wer beabsichtigt, Geld zu manifestieren, um seine Schulden zu bezahlen, der ist in Gedanken mit seinen Schulden beschäftigt. Seine Gedanken sind auf das Thema Schulden bezahlen ausgerichtet. Was bekommt er? Mehr von den Schulden. Du willst aber nicht immer Schulden bezahlen. Dies ist der Grund, warum die meisten Menschen ihre Schulden nie loswerden. – Das bedeutet nicht, dass du deine Schulden nicht bezahlen sollst, sondern, dass du nicht an sie denken sollst. Du wirst sie schon von selbst bezahlen, wenn du das Geld erst hast. An Schulden denken ist nicht positiv denken.
- Das Geld ist ein Mittel zum Zweck. Sieh es als solches an und versuche, es immer zum Wohle anderer einzusetzen. Das bedeutet nicht, dass du es verschenken sollst, sondern nur, dass du es nicht nur zu eigennützigen Zwecken verwenden solltest. Umso mehr wirst du erreichen.
- Vergiss die Idee, dass Geld dir als Person mehr Wert gibt. Ohne Geld bist du genauso wichtig und wertvoll, hast aber weniger Möglichkeiten, Gutes zu tun. Heiße das Geld also in deinem Leben willkommen.
- Es ist richtig, es gibt Menschen, die ihren Reichtum auf unlautere und unehrliche Weise erworben haben. Aber du musst es ja nicht genauso machen. Das Problem mit diesen Menschen ist, dass sie sich nicht ihres Wertes bewusst sind und das Geld mit ihrem Selbstwertgefühl verwechseln. Sie kennen daher nur einen „Versanddienst" des Versandhauses des Universums, um zu dem „Produkt" Reichtum zu

kommen. Du weißt aber, dass es verschiedene Wege gibt und kannst den richtigen auswählen.

- Mach dir einen Blankoscheck oder einen mit dem gewünschten Betrag, den du für dich als Empfänger ausstellst und der vom Universum gezahlt wird. Hänge ihn dir an einen Ort, an dem du ihn häufig siehst und bedanke dich im Voraus für den erhaltenen Betrag.
- Wenn wir Gutes für andere tun, bekommen wir mehr. Aber das kannst du erst tun, wenn du selbst etwas hast. Sei realistisch. Du kannst niemandem Geld schenken, wenn du selber keins hast. Aber, wenn du immer sagst, dass du geben wirst, wenn du hast, wirst du weder geben noch haben. Denn deine Gedanken beschäftigen sich erneut mit fehlendem Geld.
- Und zu guter Letzt: Lerne, mit Geld umzugehen. Es ist nicht das Gleiche, 5.000 Euro auf dem Konto zu haben wie 500.000 Euro zu besitzen. Wer nicht mit Geld umgehen kann, verliert leicht seinen Reichtum. Er gibt einige gute Kurse und Ratgeber online. Und indem du so einen Kurs belegt, programmierst du dich schon auf deinen Reichtum.

---

*Fazit:*

*Überprüfe immer wieder deine Gedanken: Ist das, was du denkst, auch wirklich positiv? Woran denkst du, um davon mehr zu bekommen?*

---

# Gesundheit

Unser physischer Körper ist das Resultat unserer Gedanken und Emotionen, ihr letztendlicher Ausdruck im physischen Bereich. Unsere Gedanken und Emotionen haben einen entscheidenden Einfluss auf unsere Gesundheit, dessen wird sich die traditionelle Medizin aber erst langsam bewusst. Alternative Heilmethoden geben diesem Phänomen schon seit langem seine Bedeutung.

Ein gutes Beispiel für das, was ich gerade gesagt habe, sind die Placebos, also Zuckerpillen, die in Wirklichkeit als Medikament gar keinen Effekt auf unsere Gesundheit haben. Wenn wir sie aber einem Kranken als Mittel gegen eine Krankheit geben, ohne dass er weiß, dass es Placebos sind, führen sie in vielen Fällen zur Heilung oder zur Schmerzlinderung. Dies zeigt deutlich die Bedeutung dessen, was wir denken. Wir glauben im Falle der Placebos, dass sie funktionieren und fühlen uns in den meisten Fällen besser, auch wenn sie gar keinen Wirkstoff gegen unser Leiden haben. Unser Verstand und unsere Gedanken sind also das wichtigste Werkzeug, um gesund zu werden, womit ich aber nicht sagen will, dass du keinen Arzt mehr aufsuchst, wenn du krank bist.

Positive Gedanken im Allgemeinen und bezüglich unseres Gesundheitszustandes führen dazu, dass wir uns besser fühlen, egal ob wir krank oder gesund sind, und ständig negative Gedanken lassen uns schlechter fühlen und auf Dauer Schmerzen verspüren und krank werden.

Es wurde sogar in Studien gezeigt, dass Kranke vor allem dadurch wieder gesund werden, weil sie in den Arzt vertrauen, der sie behandelt. Das Vertrauen und der Glaube waren also für die Genesung wichtiger als die Behandlungsmethoden oder Medikamente, die der Kranke erhielt.

Unser Körper reagiert auf unsere Gedanken, d. h. unsere geistige Welt spiegelt sich in unserem Körper wider. Wenn wir zu viele negative Gedanken und Gefühle haben, ist etwas nicht in Ordnung, und unser Körper ist die letzte Instanz, um uns dies mitzuteilen. Spätestens dann sollten wir aufmerksam werden und reagieren. Die einfachste Abhilfe sind in diesem Fall positive Gedanken. Die kann man haben, wo immer man sich befindet, denn sie gehören nur uns und sind daher nur von uns abhängig, und nicht von den anderen Menschen um uns herum. Die Liebe und die Dankbarkeit sind zwei machtvolle Gefühle, die uns helfen, zu heilen.

Daher ist es auch eine der besten Therapien, die die Medizin entdeckt hat, mehrfach täglich herzlich zu lachen. Das produziert Endorphine und entzündungshemmende Stoffe, die für eine bessere Gesundheit, ein stärkeres Wohlbefinden und weniger Schmerzen sorgen. Das Lachen befreit von negativen Gefühlen und erzeugt Glücksgefühle. Es holt uns in den aktuellen Moment, das Hier und Jetzt, zurück.

---

*Ein einfaches Beispiel:*

*Wenn wir krank sind, konzentrieren wir uns normalerweise auf unsere Krankheit und ihre Symptome. Wir beunruhigen uns, wir leiden an den Symptomen der Krankheit, egal wie schwerwiegend die Krankheit selbst ist. Denk nur an einfache Kopfschmerzen. Wenn dich jemand fragt, wie es dir geht, sagst du: „Schlecht. Mir tut der Kopf weh." Und du sprichst mit anderen Menschen darüber, weil du die ganze Zeit daran denkst. Du bestätigst dir also auch selbst jedes Mal von neuem, wie schlecht du dich fühlst. Und du hast das Gefühl, deine Kopfschmerzen werden immer schlimmer.*

*Jetzt stell dir vor, dir tut der Kopf weh, aber du sprichst nicht darüber, mit niemandem. Du denkst auch nicht daran, dass dir der Kopf weh tut, sondern im Gegenteil, deine Gedanken sagen, dass es dir perfekt und gut geht. Sagen wir, du beschäftigst dich absichtlich mit etwas, das deine ganze Aufmerksamkeit in Anspruch nimmt und du nicht mehr an die Kopfschmerzen denkst. Und plötzlich sind die Kopfschmerzen weg, wirklich weg. Sie haben keinen Platz mehr in deinem Leben, weil du ihnen keine Aufmerksamkeit mehr nicht geschenkt hast.*

Ein anderer wichtiger Punkt ist, dass du eine Krankheit nicht durch deine Gedanken in dein Leben „einladen“ solltest. Beteilige dich daher nicht an Gesprächen über die eigene Krankheit oder die von jemand anders, auch nicht im hypothetischen Sinne. Wenn du mit jemand anders über seine Krankheit sprichst, hilfst du weder ihm noch dir. Es ist nicht gut, euren Fokus auf die Krankheit zu richten und euch mehr darüber zu beunruhigen. Stattdessen solltest du lieber subtil das Thema wechseln und über etwas Angenehmes reden. So werden die Gedanken von euch beiden von dem Thema der Krankheit entfernt.

Unser Körper ist in der Lage, uns zu zeigen, dass er Wunder vollbringen kann, wenn wir ihm dazu die Gelegenheit geben. Ich habe gesehen, wie Lupus, eine Krankheit, die normalerweise als unheilbar bekannt ist, völlig und spurenlos verschwindet. Wenn wir es „schaffen“, dass unser vorher gesunder Körper eine Krankheit manifestiert, dann müssen wir auch glauben können, dass er diesen Prozess wieder umkehren kann, die Krankheit also wieder loswerden kann. Dazu brauchen wir nicht zu wissen, wie er das macht. Wenn wir wüssten, was er dazu alles machen muss, würden wir sowieso nicht glauben, dass er es schaffen kann. Vertraue also einfach auf deinen Körper und unterstütze ihn mit positiven Gedanken. Wenn wir an die Wunder glauben, geben wir ihnen die Erlaubnis, sich zu manifestieren.

Stelle dir mal die folgende Frage: Wenn du krank bist, warum glaubst du, dass du es weiterhin sein musst??? Die ehrliche Antwort auf diese Frage wird dir wahrscheinlich Aufschlüsse über deinen Gesundheitszustand geben.

Wenn etwas in deinem Körper nicht in Ordnung ist, liegt es normalerweise an einer falschen Schwingung dieses Organs oder Körperteils. Das Logische ist dann, dass du diese Schwingung änderst. Bedenke, dass die Negativität nicht unser normaler Gemütszustand ist und auch nicht sein sollte.

*Das leidige Thema Abnehmen*

Dieses ist ein Thema, welches einen Großteil der Bevölkerung betrifft, auch in unseren Breitengraden. Die meisten Menschen möchten gerne ein paar Kilo abnehmen, die sie stören oder die ihnen sogar gesundheitlich zu schaffen machen. Warum schaffen sie es trotz aller Diäten und Restriktionen beim Essen nicht? Sie machen eine Diät nach der anderen und werden die überflüssigen Pfunde einfach nicht los.

Weil ihre Gedanken mit dem Übergewicht und dem Abnehmen beschäftigt sind. Sie sagen sich, dass sie zu viel wiegen, dass sie abnehmen müssen, dass sie nicht abnehmen könnten, etc. Wenn du zu dieser Menschengruppe gehörst, die abnehmen will, dann überprüfe mal, wie du denkst. Wahrscheinlich wirst du mir bestätigen können, dass auch du so denkst. Aber du weißt mittlerweile, wie das Gesetz der Anziehung funktioniert, und dass du dich nicht auf das konzentrieren solltest, was du nicht in deinem Leben willst. In diesem Falle sind es also die überflüssigen Kilos.

Daher musst du deine Denkweise ändern. Denke also bitte an einen schlanken Körper, wenn du abnehmen willst. Denke daran, wie du dann aussiehst, wie leicht du dich dann fühlst, wie beweglich du plötzlich wieder bist. An die bewundernden Blicke und Kommentare deiner Mitmenschen, an die Kleidung, die du wieder tragen kannst, an deine bessere Gesundheit, etc.

Im Grunde genommen willst du doch nicht immer Gewicht verlieren, du willst dein Traumgewicht haben, ohne auf alles verzichten zu müssen, oder nicht? Denke daran und genieße diese Gedanken. Und plötzlich wirst du merken, dass das Thema Gewicht gar kein Problem mehr für dich ist.

*Verletzungen auskurieren*

Eine gute Art, das Gesetz der Anziehung für deine Gesundheit auszunutzen, ist, es zu verwenden, um Verletzungen schneller auszukurieren. Eine Verletzung ist immer eine Aggression gegen unseren Körper, die ihm Stress verursacht, und er wird versuchen, seinen Normalzustand so schnell wie möglich wieder herzustellen. Allerdings gibt es Faktoren, die ihm das erschweren, wie zum Beispiel unsere Gedanken, fehlende Ruhe, Stress, etc.

Wie kannst du also deinem Körper helfen, seine Verletzungen effektiv und schnell auszukurieren?

Stell dir vor, du hast dir beim Spazierengehen den Unterschenkel an einem Stacheldraht verletzt, und die Wunde blutet nun. Was machst du zunächst, wenn du nach Hause kommst? Natürlich säuberst du die Wunde gut und verbindest sie oder klebst ein Pflaster drauf. Wahrscheinlich ist es nicht so schlimm, dass du zum Arzt gehen musst. Und nun musst du warten, bis sich die Wunde wieder komplett schließt, denn unser Körper braucht die Zeit, um das Gewebe zu regenerieren. Das braucht Zeit und variiert je nach Wunde, Körperteil und anderen Umständen.

Du möchtest aber deinem Körper helfen, schneller zu heilen und möglichst wenig Narbenbildung zu haben. Gib deinem Körper bzw. Bein daher in diesem Fall die Ruhe, die er braucht, um schneller zu heilen. Beanspruche das entsprechende Bein also nicht zu viel. Dann kannst du ihm mit deinen Gedanken sagen, dass alles in Ordnung ist und er bald wieder voll funktionsfähig ist. Ja, sprich mit ihm. Das tut ihm gut und vermittelt ihm Sicherheit. Als nächstes kannst du mit der Hand immer wieder leicht über die abgedeckte Wunde streichen, als ob du sie streichelst. Dieser liebevolle Kontakt hilft deinem Körper auch viel, um schneller und besser zu heilen. In kurzen Worten, sporne ihn an, damit er besser heilt. Auch wenn du es noch nie ausprobiert hast, dein Körper freut sich darüber und hört darauf. Er glaubt dir, weil du es glaubst. - Dies kannst du natürlich auch für andere Verletzungen oder Krankheiten verwenden. Es ist eine Art von Visualisierung des Optimalzustandes.

### *Stress*

Einen besonderen Stellenwert möchte ich dem Stress geben, einer unserer Zivilisationskrankheiten, unter der immer mehr Menschen leiden, und die verantwortlich für viele gesundheitliche Probleme unserer Zeit ist.

Der Stress an sich ist eine normale Reaktion unseres Körpers in einer Gefahrensituation, und dafür ist er gut. Er setzt Hormone frei, die uns in Bewegung setzen, um in dieser Gefahrensituation zu kämpfen oder zu fliehen.

Aber in unserer Alltagswelt brauchen wir nicht zu fliehen oder zu kämpfen. Dort wird der Stress durch einen negativen Gedanken ausgelöst, zum Beispiel, dass die Zeit nicht reicht, um unser Arbeitspensum zu erledigen. Das ist unsere „Gefahrensituation". Er hat also geistigen Ursprung und ist eine Antwort auf eine widrige Situation, das heißt, unsere Art und Weise, mit ihr klarzukommen oder nicht zu wissen, wie wir mit ihr umgehen sollten.

Das Problem ist, dass durch den Stress Hormone ausgeschüttet werden, die unser komplettes System in Alarmbereitschaft setzen und die anderen Funktionen unseres Körpers vernachlässigen. Temporär, also in einer Gefahrensituation, ist das in Ordnung, nicht aber als Dauerzustand. Dann beeinflusst der Stress unser Immunsystem und verursacht, dass unser Körper nicht mehr in der Lage ist, sich selbst zu heilen. Denn er muss ja erst mit der Gefahrensituation fertig werden.

Stress ist also ein sehr negativer Faktor für unsere Gesundheit. Da er aber in unseren Gedanken verankert ist, können wir ihn besiegen, wenn wir umdenken. Denke daher nicht an die Arbeit, die du anscheinend nicht erledigen kannst, sondern sehe dich im Geiste, wie du eine Sache nach der anderen und mit Leichtigkeit löst. Dann geht es plötzlich.

### *Schlaf*

Ein anderes leidiges Thema unserer modernen Gesellschaft ist der fehlende Schlaf. Wir arbeiten zu viel und bis spät abends und nehmen uns die Arbeit im Geiste (oder in der Aktentasche) noch mit nach Hause. Das hat negative

Auswirkungen auf einen erholsamen Schlaf, und auf die Dauer auch auf unsere Gesundheit. Außerdem hilft uns ausreichend Schlaf, um am nächsten Tag konzentrierter und leistungsfähiger zu sein.

Wir schlafen häufig zu wenige Stunden nachts, werden öfter nachts wach oder haben Probleme, überhaupt einzuschlafen. Was kannst du dagegen tun?

Wenn du daran denkst, dass du bestimmt nicht schlafen kannst, dann wirst du bestimmt zumindest die ersten Stunden schlaflos im Bett verbringen und dich nur von einer Seite auf die andere wälzen. Auch, wenn du müde bist, wirst du jedes Mal weniger schlafen können. Diese Erfahrung hast du sicher schon selber gemacht. Warum? Weil deine Gedanken beim fehlenden Schlaf sind. Deine verzweifelten Anstrengungen einzuschlafen bewirken also genau das Gegenteil.

Was solltest du daher tun? Als erstes: Beschäftige dich die letzten Stunden vor dem Schlafen mit ruhigen Aktivitäten, die dich in eine harmonische Stimmung bringen, also nichts mehr, was dich aufregen könnte. Denke nicht an „nicht schlafen“, sondern an „schlafen“, an einen ruhigen und erholsamen Schlaf, aus dem du am nächsten Morgen völlig erfrischt aufwachst. Lass die Probleme vor der Tür deines Schlafzimmers. Du kannst sie dort sogar symbolisch ablegen und ihnen sagen, dass du dich morgen wieder um sie kümmern wirst. Wenn du dann ins Bett gehst, denke nicht daran, dass du Probleme hast, einzuschlafen. Sehe dich stattdessen, wie du friedlich in deinem Bett liegst und angenehm schläfst. Versetze dich komplett in diese Szene. Sei dein eigener Beobachter. Und dann, wenn du die Übung noch etwas verstärken willst, kannst du folgendes tun: Zähle in Gedanken von 1 bis 100, aber auf folgende Art und Weise:

- 1 ich schlafe („eins ich schlafe“)
- 2 ich schlafe
- 3 ich schlafe
- ...
- ...
- 100 ich schlafe („hundert ich schlafe“)

Du wirst wahrscheinlich gar nicht bis hundert kommen, weil du schon eingeschlafen bist. Was hast du gemacht? Du hast alle deine Gedanken auf das Schlafen programmiert und keinen Raum für andere Gedanken gelassen. Probiere es aus, es funktioniert.

# Jung bleiben im Alter

Was ist das Alter? Als erstes mal eine Zahl in unserem Kalender und vielleicht die Anzahl der Kerzen auf unserer Geburtstorte. Und sonst? Ein geistiger Zustand, mehr nicht. Warum werden wir dann alt, unabhängig von der Anzahl der Jahre, die wir haben? Wir können zum Beispiel feststellen, dass nicht alle Menschen gleichmäßig schnell altern. Woran liegt da? Vielleicht wirst du jetzt sagen: an der Genetik. Ja, die spielt eine Rolle, aber keine große.

Neben dem chronologischen Alter gibt es auch ein physisches und ein mentales Alter, in anderen Worten, wie sehr unser Körper altert und wie schnell unser Gehirn altert. Alle drei Alter können sehr unterschiedlich sein.

Auf das chronologische Alter haben wir keinen Einfluss, aber das ist es auch, was uns am wenigsten beunruhigen sollte. Die anderen beiden sind das Resultat unserer Gedanken über das Alter und das Altwerden. Zum einen kollektiv, und zum anderen individuell.

Wir glauben, als Gesellschaft und als Individuen, dass wir ab einem bestimmten Alter gewisse Dinge nicht mehr tun können, geistig und körperlich. Viele Menschen sind fest der Meinung, dass man ab einem bestimmten Alter nichts Neues mehr lernen kann. Das ist natürlich Unsinn, aber wenn du es glaubst, gilt es für dich. Und wenn du aufhörst, Neues zu lernen, dann ist es richtig, dann ist dein Gehirn irgendwann nicht mehr in der Lage, Neues zu lernen, und es wird auch langsam aber sicher beginnen, selbst das schon vorher Gelernte zu verlernen, wenn du es nicht mehr brauchst. Unser Gehirn funktioniert wie ein Muskel, der trainiert werden muss, damit er funktioniert. Und wenn du deinem Gehirn sagst, dass es nichts mehr lernen kann, dann glaubt es dir das. So einfach ist das. Sag ihm besser, dass es noch viel lernen kann und wird.

Ebenso funktioniert der Rest deines Körpers. Wenn du glaubst, dass du dich ab einem bestimmten Alter nicht mehr gut bewegen kannst oder dir Vitalität fehlt und dich lieber in den Sessel vor den Fernseher setzt, dann wird genau das eintreten. Dein Körper spielt nicht mehr mit.

Unsere Gesellschaft achtet sehr auf das Alter. Wir messen ihm viel zu viel Bedeutung bei. Dabei sollte unser Fokus viel mehr auf einem Gefühl der Jugend, der Vitalität und der Gesundheit liegen, die uns dazu bringen, viel mehr zu unternehmen. Wenn wir aber unsere Gedanken darauf konditionieren, dass ab einem gewissen Alter bestimmte Dinge schwer oder gar nicht mehr möglich sind, dann wird dem auch so sein.

Höre nicht auf das, was die Gesellschaft dir zum Thema Alter (und anderen Dingen) suggerieren will. Stell dir einfach vor, du bist immer noch 21. Was würdest du dann tun? Tu es heute.

Ich lache über das „Alter", fühle mich sehr jung, gesundheitlich viel besser als vor vielen Jahren und tue genau das, was ich will. Wenn du so denkst, kannst du stolz auf dein Alter sein.

# Zwischenmenschliche Beziehungen

Das Gesetz der Anziehung gilt als universelles Gesetz für alle Bereiche deines Lebens und zeigt genau das, was du in deinem Leben manifestieren willst, und das gilt natürlich damit auch für unsere zwischenmenschlichen Beziehungen. Vielleicht befindet sich aber die Manifestierung in diesem Bereich der Beziehungen, und speziell, was deinen Traummann oder deine Traumfrau angeht, im Unbewussten.

Wenn wir von den zwischenmenschlichen Beziehungen sprechen, sind das verschiedene Bereiche in unserem Leben: Da kommt uns zunächst einmal und wahrscheinlich an erster Stelle unser Partner oder Traumpartner in den Sinn, aber auch unsere Freunde, unsere Nachbarn und Kollegen, natürlich unsere Familie und die weiteren Menschen, mit denen wir in unserem Leben zu tun haben, gehören zu dieser Kategorie.

Nun beobachte einmal dein Leben im Allgemeinen im Bereich der zwischenmenschlichen Beziehungen. Mit welcher Art von Menschen umgibst du dich normalerweise? Beides: die, dich suchen und die, die du suchst. Dies zeigt dir, was in deinem Inneren vorgeht. Denn meist ist es für uns schwer, zu erkennen, welche Gedanken und Gefühle sich in unserem Unter- und Unbewusstsein verbergen. Eine Form, uns dies zugänglicher zu machen, ist, uns einmal der Geschichte unserer Erfahrungen in unseren Beziehungen jeglicher Art bewusst zu werden. Das ist schon einfacher.

Setze dich deshalb einmal in Ruhe hin und denke zum Beispiel über deine bisherigen Partnerbeziehungen nach. Welche Art von Menschen hast du als Partner bisher angezogen? Wiederholt sich da ein gewisser Typ von Menschen? Warst du glücklich damit? – Welche Art von Freunden hast du? Komplementiert ihr euch oder braucht einer mehr den anderen als umgekehrt? – Mit welchen Menschen verstehst du dich normalerweise auf Anhieb gut und mit welchen nicht? Welche Art von Menschen suchst du gar nicht erst in deinem Leben? Die Antworten auf all diese Fragen geben dir Aufschluss darüber, wie du dich selbst siehst und wahrnimmst, und zwar wahrscheinlich mehr auf einem unbewussten Niveau.

*Beispiel:*

*Hast du nach dieser Übung vielleicht festgestellt, dass du in deinem Leben viele Menschen hast, die mit dir zusammen sind, weil sie deine Hilfe brauchen, weil du ihnen ihr Leben immer wieder in Ordnung bringst? Gut, dann ist dies die Energie, die du ins Universum sendest: „Ich löse dir deine Probleme." Willst du das wirklich? Oder hättest du lieber jemand an deiner Seite, der auch dich mal unterstützt? Solange du dem Universum sagst, dass dich gerne als Problemlöser anbietest, weil du darin gut bist, wird dich die Art von Menschen suchen, die ihre Probleme außerhalb von sich selbst gelöst haben möchten. Aber warum bist du gut im Probleme lösen? Vielleicht, weil du es von Kind immer bei dir zu Hause hast tun müssen. Oder weil du gemerkt hast, dass die anderen Menschen dich so schätzen oder suchen? Oder weil du eigentlich deine eigenen Probleme lösen solltest, aber die fremden Probleme eine gute Ausrede sind, um die Lösung deiner eigenen noch nicht anzupacken? Oder vielleicht eine Mischung aus allen dreien? Wahrscheinlich. Das ist absolut menschlich, bringt dich als Person und in deinen Beziehungen aber nicht weiter.*

Es gibt natürlich viele andere Muster, nach denen wir handeln. Dies kann zum Beispiel sein, dass du aggressive Lebenspartner anziehst oder vorziehst, überhaupt keine feste Beziehung einzugehen, weil ja das Risiko besteht, dass sie wieder in die Brüche geht. Wenn du diesen Abschnitt liest, hast du wahrscheinlich mit irgendeinem Problem dieser oder ähnlicher Art zu kämpfen haben.

*Wie behandelst du dich selbst?*

Die erste Frage ist daher immer, wenn wir Probleme in unseren zwischenmenschlichen Beziehungen haben, wie du dich selbst behandelst. Bist du dein größter Feind? Wenn du dich selbst nicht gut behandelst - und das hat nichts mit Egoismus zu tun -, dann kannst du auch nicht erwarten, dass andere Menschen dich gut behandeln. Du strahlst eben diese Energie aus, dass du nicht verdienst, gut behandelt zu werden. Und es wäre ein Widerspruch in sich, zu erwarten, dass andere dich dann gut behandeln sollten. Du wirst also mehr Situationen anziehen, in denen die Menschen dich nicht gut behandeln. Und oft wirst auch du die anderen Menschen nicht besonders gut behandeln, ohne ihnen natürlich Schaden antun zu wollen. Aber es ist einfach nicht Teil deines Programmes. Du musst dir dessen bewusst werden und umdenken. Alles beginnt bei dir selbst. Nur, wenn du dich gut behandelst, wirst du mehr Menschen anziehen, die dich dann auch so behandeln, denn diese Schwingung hast du nun.

Wenn du dich liebst, werden dich andere Menschen lieben. Andersherum geht es leider nicht. Dein Traummann oder deine Traumfrau können da draußen um die Ecke sein, aber wenn du zeigst, dass du nicht geliebt werden willst, wird er oder sie sich nicht nähern. Schade für so eine schöne, mögliche Beziehung!

Wir haben also immer die richtigen Menschen in unserem Leben, genau deshalb, weil sie dazu da sind, uns zu zeigen, was in uns vorgeht und verbessert werden sollte. Du kannst so viele nicht funktionelle Beziehungen beenden, wie du willst, aber wenn du dich nicht änderst, werden sich auch deine Beziehungen nicht ändern.

Es bringt daher auch nichts, wenn für dich die anderen wichtiger sind als du und zuerst kommen. Die Pfadfinder wissen das: Zuerst muss man an sich selbst denken, wenn man in einer Gefahrensituation ist, sonst kann man niemand anders helfen. Auch im Flugzeug wird es gesagt: Setz dir zuerst selbst die Sauerstoffmaske auf und dann sieh, ob du anderen dabei helfen kannst. Das ist logisch, nicht wahr?

Gut, das gilt auch für die anderen Bereiche deines Lebens. Wenn du dich für andere "opferst", sagst du damit im Prinzip verschiedene Dinge:

1. Ich verdiene dies nicht für mich, ich bin dessen nicht würdig oder nicht so viel wert. Die anderen sind wichtiger oder wertvoller als ich.
2. Es gibt nicht genug für alle, also stecke ich zurück.

Im Klartext: Das ist alles Unsinn. Erstens habe ich dir schon am Anfang gesagt, dass die Knappheit nur eine Illusion unserer limitierten Gedanken in dritter Dimension (=

Schwingung) ist. Das Universum hat mehr als genug für alle von uns, also nicht nur genug, sondern sogar im Überfluss. Niemand muss zurückstecken. Akzeptiere gerne, was das Universum dir anbietet. Des Weiteren sind wir alle gleich viel wert. Wenn es dir aber gut geht, geht es auch den Menschen um dich herum gut. Und es gibt noch einen weiteren Punkt aus einer etwas höheren Materie: Wenn es dir nicht gut geht, kann es eigentlich niemandem gut gehen. Denn im Grunde genommen sind wir alle eins, da wir alle verbunden sind (Erstes Hermetisches Gesetz). Die Kette ist so schwach, wie ihr schwächstes Glied. – Und noch etwas: Wer sich immer für andere aufopfert, der wird auf Dauer Ressentiment Gefühle entwickeln, also negative Gefühle und Gedanken. Vermeide das.

Deine Arbeit besteht also immer darin, deinen Zustand zu ändern, wo es notwendig ist. Und das erkennst du daran, weil du mit irgendeinem Bereich deines Lebens nicht zufrieden bist. Dir fehlt etwas. Wenn du nicht zufrieden bist, strahlst du diese Energie unweigerlich aus, du fühlst dich nicht wohl und andere Menschen fühlen sich in deiner Gesellschaft auch nicht wohl. Wenn du nicht genug hast, kannst du diesen Mangel nicht noch mit anderen Menschen teilen. Erst musst du genug für dich selber haben. Wenn du genug hast, wirst du anderen geben, ohne es überhaupt zu merken. Und dann strahlst du diese Energie der Fülle und des Überflusses (in allen Bereichen) deines Lebens aus, und bekommst mehr von dem, was du schon hast.

Jeder ist also in erster Instanz für sich selbst verantwortlich. Damit meine ich natürlich erwachsene Menschen, nicht Kinder, die die Unterstützung ihrer Eltern benötigen.

Wer sich selbst liebt, fühlt sich wohl. Wenn du dich nicht mit dir selbst wohl fühlst, blockierst du die Energie des Universums, und die Menschen, die dich lieben könnten, werden nicht zu dir finden. Auch sie spüren unbewusst diese Blockade.

Andererseits schuldet dir niemand nichts, nur du schuldest dir. Wenn du meinst, dass die Menschen dir etwas schulden, ist das ein falsches Verständnis der Kräfte des Universums. Wenn die Menschen dich zum Beispiel ausgenutzt haben, dann lag es daran, weil du es zugelassen hast. Niemand kann dich zu so etwas verpflichten. Du hast das Recht, Nein oder Stopp zu sagen. Nimm dieses Recht war und respektiere dich. Du schuldest ebenso auch niemand etwas, nur dir selbst.

*Wie erlangen wir eine Änderung unserer Beziehungen?*

Du weißt es im Prinzip schon: mit positiven Gedanken. Wir können einigen Personen einfach aus dem Weg gehen, wenn uns ihre Gegenwart nicht guttut. Aber andere Personen wie unsere Familie und unser Partner sind einfach ein fester Bestandteil unseres Lebens. Vielleicht gefällt uns die Beziehung nicht, aber sie hilft uns, zu lernen, und wir können sie langsam aber sicher wieder auf einen positiveren Pfad bringen. Wie?

Mach eine Bestandsaufnahme deiner eigenen positiven Charakterzüge und die deiner Mitmenschen, mit denen du zusammen bist. Du kannst sie sogar aufschreiben. Achte nun für eine Woche oder zwei nur auf diese positiven Dinge. Es gibt sie, dessen kannst du sicher sein. Die negativen sind auch da, wir alle haben auch negative Aspekte (Gesetz der

Polarität), aber du tust einfach so, als ob sie für diese zwei Wochen nicht existieren. Richte deinen Fokus nur auf die positiven Dinge, für dich selbst und/oder die andere(n) Person(en).

Beginne aber bei dir selbst. Wenn du dein Augenmerk auf deine positiven Eigenschaften richtest, wirst du sie ungewollt verstärken. Und es wird mehr von genau diesen Dingen kommen, von deiner Außenwelt. Wenn wir das gleiche mit den positiven Eigenschaften der anderen Menschen machen, bekommen wir auch mehr davon, von derselben Person oder anderen. Warum? Weil wir unsere „Antennen" auf diese Frequenz ausgerichtet haben.

Wenn du dich aber auf das Negative in dir und in anderen fokussierst und darüber beschwerst, dann bekommst du mehr davon. Sei es, dass sich mehr Situationen oder sei es, dass sich mehr Personen in deinem Umfeld präsentieren, die dieses Problem verstärken und dich schlecht fühlen lassen. Du entscheidest selber, was du in deinem Leben haben willst, auch, wenn es um die Personen in deinem Leben geht.

Mach also die Übung, wenn deine Beziehung kurz davor steht, Schiffbruch zu erleiden: Schreib alles auf, was dir von der Person, mit der du zusammen bist, gut gefällt. Aus irgendeinem Grund bist du schließlich mit ihr zusammen, hast dich in sie verliebt. Du kannst diese Eigenschaften sogar noch besonders hervorheben und loben, wenn du mit der Person zusammen bist. Du veränderst damit nicht die Person, sie hat weiterhin die gleichen Eigenschaften wie vorher, aber es ist, als ob du einfach nur gewisse Saiten einer Gitarre spielst. Dies ändert alles in eurer Beziehung. Es ist deine Bereitwilligkeit, die andere Person mit Liebe zu betrachten, nicht mit Missfallen.

Die Liebe ist nichts, was wir anfassen können, nicht Gegenständliches. Sie ist ein Gefühlszustand und beeinflusst damit nachhaltig unsere Schwingung oder Frequenz, die wir ins Universum aussenden. Du änderst deinen Blickwinkel, und das Universum passt sich an. Du bekommst mehr davon, also mehr Personen, die dich lieben.

Wenn du deinen Traumpartner noch nicht gefunden hast, dann tu einfach so, als ob er schon an deiner Seite wäre. Was würdest du in deinem gegenwärtigen Leben ändern, wenn du diese Person schon gefunden hättest? Handele genauso und du wirst sie finden, oder sie dich.

*Das Gesetz der Anziehung und die Liebe*

... aber auch andere Beziehungen. Wenn wir von Liebe sprechen, gibt es scheinbar widersprüchliche Aussagen, die Gültigkeit haben.

> *Gleich und gleich gesellt sich gern.*
>
> oder
>
> *Gegensätze ziehen sich an.*

Was ist richtig?

Es gelten beide Aussagen. Die erste beruht auf dem Gesetz der Schwingung, also, dass gleiche Schwingungen sich anziehen, und das zweite auf dem Gesetz der Polarität, wie zwei Magneten, deren umgekehrte Pole sich anziehen. Da alle universellen Gesetze immer Gültigkeit haben, gelten beide und schließen sich nicht aus. Und das hat auch noch einen anderen Grund. In unserer Dimension verstehen wir die beiden extremen Pole einer Eigenschaft als zwei Extreme auf einer Linie. In Wirklichkeit ist im Universum aber aller kreisförmig, also müssten wir diese Linie zu einem Kreis schließen, und die beiden Extreme berühren sich. Ein perfektes Beispiel, um dies zu erklären ist der Wechsel von Tag auf Nacht und wieder zum Tag, usw. Tag und Nacht nehmen wir als Gegenteile oder die beiden Pole, aber reell gesehen sind sie zwei Zustände der Tageszeit, die ständig aufeinander folgen. Ebenso gilt es für die Jahreszeiten und vieles mehr.

Es sind also in Wirklichkeit keine sich ausschließenden Extreme, sondern nur verschiedene Ausprägungen derselben Energie, die sich komplettieren. Und der Mensch in seiner vollen Entfaltung sucht genau das: sich immer wieder zu vervollständigen. Dies versuchen wir, zum Beispiel durch das Finden unserer „bessere Hälfte" zu erreichen. Wir müssen uns dessen nur bewusst sein. Das Gegenteil von uns komplementiert uns also, um uns in unserer Perfektheit darzustellen, wenn wir die notwenige Reife als Mensch dafür erlangt haben.

Auf diese Art und Weise können wir erklären, was wir im anderen suchen: das, was uns fehlt.

- Du wirst nicht glücklich sein, wenn dein Traumpartner erscheint, sondern er oder sie erscheinen, weil du glücklich und zufrieden mit dir selbst und deinem Leben bist.
- Deine Verantwortung ist dein Glück, nicht das der anderen. Der Rest kommt von alleine.
- Richte deine Gedanken und Gefühle auf das, was du suchst, nicht auf das, was du in einer Person nicht willst.
- Zeige dem Universum, was du suchst.

# Dein Leben

*Ziele erreichen*

Wenn dir wirklich und richtig klar wird, wie das Gesetz der Anziehung funktioniert, dann wird dir auch bewusst, welche Macht du tatsächlich hast, um dein Leben selbst zu gestalten. Das ist eine unglaubliche Erkenntnis. Du kannst damit alles in deinem Leben verändern. Du brauchst nichts als gegeben hinzunehmen und kannst alles ändern, was du gerne anders hättest, oder bewusst verstärken, wenn es dir so gefällt, wie es ist. Du brauchst nur deine Gedanken zu ändern.

Frage dich in einer Meditation, was du wirklich im Leben erreichen willst. Und dann richte deine Gedanken, Aufmerksamkeit und positive Energie auf diese Ziele aus und hol sie dir. Du bist der Architekt deines Lebens.

## *Glück und Erfolg*

Wer möchte nicht mehr Glück und Erfolg in seinem Leben? Wahrscheinlich wir alle. Warum hast du sie dann nicht? Weil du es nicht glaubst, dass dies auch für dich eintreten kann. Und damit verhinderst du es. Gehörst du eventuell zu den Menschen, die sagen, dass sie nie in einer Verlosung etwas gewinnen? Dann wird es Zeit, dies zu ändern.

Es gibt Menschen, die fast grundsätzlich und jedes Mal in einer Verlosung etwas gewinnen, einfach, weil sie darauf vertrauen, dass es so sein wird. Da ist kein Betrug dahinter. Es funktioniert. einfach, weil sie zulassen und akzeptieren können, Glück und Erfolg zu haben, statt dieses im Unterbewusstsein zu verhindern. Akzeptiere, dass du genauso viel wert bist wie diese „Glückspilze“ und auch das gleiche Recht im Leben hast, etwas zu gewinnen. Der nächste Schritt ist dann, zu vertrauen, dass du bei der nächsten Verlosung einen Preis gewinnen wirst. Glaube es, dass er deiner ist.

Du wirst dann plötzlich feststellen, dass es keine hoffnungslosen Fälle und Situationen gibt. Du erschaffst sie oder beseitigst sie mit deinen Gedanken.

Genieße das Leben mit einer positiven Einstellung und verfolge deinen Enthusiasmus, deine Leidenschaft und deine Freude, nicht deine schwarzen Gedanken.

*Dich selbst verwirklichen*

Was möchtest du in deinem Leben erreichen? Welches sind deine Träume? Schiebe sie nicht als unmögliche Tagträume zur Seite, sondern kümmere dich bewusst und entschieden um ihre Verwirklichung und erschaffe dir ein Leben, das dich erfüllt. Mit dem Gesetz der Anziehung kannst du das erreichen. Visualisiere dich einfach täglich, wie du das tust, was du gerne machst.

Möchtest du einen Urlaub am Meer, an einem sonnigen Strand in den Tropen, oder die alten Kulturen in Asien, Südamerika oder Ägypten kennenlernen? Dann beginne damit, dir Fotos von deinem Traumort und –urlaub auszuschneiden und an die Wand zu hängen, wo du sie mehrfach täglich sehen kannst. Lies mehr über dieses Land oder diesen Ort. Stell dir vor, wie du schon dort bist und die interessanten Stellen besuchst oder einfach am Strand die Sonne genießt und faulenzt. Bringe in Erfahrung, was man an dem Ort alles machen kann. Frage dich aber nicht, wie du den Urlaub bezahlen wirst. Das wird sich schon ergeben. Wenn alle deine Gedanken auf dieses Ziel gerichtet sind, wird der Urlaub früher oder später Realität werden.

*Geistige Barrieren durchbrechen*

Möchtest du ein neues Hobby lernen? Tu es.

Möchtest du eine weitere Sprache lernen? Nur zu.

Lass dich nicht von anderen Menschen beeinflussen, die dir wahrscheinlich sagen werden, dass das ab einem bestimmten Alter nicht mehr möglich ist. Oder wofür du das überhaupt noch lernst? Kümmere dich nicht darum und lass deine Gedanken nicht durch solche Kommentare verseuchen.

Unsere geistigen Fähigkeiten hängen viel mehr von dem davon ab, was wir denken und wie viel wir unser Gehirn trainieren, als von einer angeborenen Intelligenz, dem Alter oder einer angemessenen Schulausbildung. Diese machen einen Teil aus, aber der Rest ist wichtiger.

Wenn du ein intelligenter Mensch bist, zeigst du dies durch deine Bereitwilligkeit, in jedem Alter etwas Neues zu lernen. Der beste Beweis dafür ist, dass du beabsichtigst, durch das Gesetz der Anziehung mehr aus deinem Leben zu machen. Du kannst alles erreichen!

### *Wissenschaft*

Wenn wir dieses Thema der geistigen Barrieren ein wenig weiterverfolgen, kommen wir an die aktuellen Grenzen unserer Wissenschaft. Wie haben es Menschen in der Vergangenheit und auch in der Gegenwart erreicht, diese Grenzen herauszufordern und etwas Neues zu erkennen und zu beweisen? Dadurch, dass sie einfach fest daran glaubten, dass es geht. Dieser Glaube versetzt Berge. So wurden die Glühbirne, das Radio, das Flugzeug und viele andere Dinge erfunden. Wenn du wissen willst, was möglich ist, jenseits der Grenzen des derzeit Möglichen, dann solltest du versuchen, dies in der Meditation zu erfahren.

Aber ich kann dir aus meiner persönlichen Erfahrung bestätigen, dass du auch das Universum bitten kannst, dass es dir hilft, in einem bestimmten Bereich mehr zu lernen, ich meine, mehr als die Menschen normalerweise darüber wissen, und die Information kommt, meist auf sehr unerwartete Weise, aber sie kommt. Du musst nur daran glauben, fest vertrauen.

*Das Gesetz der Anziehung im Alltag*

Das Resonanzgesetz funktioniert im Kleinen und im Großen, grundsätzlich, das heißt, für deine Zukunftspläne, für deine Finanzen, deinen Partner und deine Mitmenschen, aber auch für die kleinen Dinge im Alltag.

Wenn du zum Beispiel zum Supermarkt fährst und der Parkplatz meist ziemlich voll ist, du aber weißt und dir sicher bist, dass du einen Parkplatz bekommen wirst, dann bekommst du ihn. Vielleicht nicht immer auf Anhieb, denn auch das Universum muss manchmal erst ein paar Hebel in Bewegung setzen, damit andere vom Parkplatz herunterfahren wollen. Aber bei der zweiten Runde solltest du ihn finden, wenn du mit Überzeugung daran glaubst.

Ein ähnliches Beispiel ist der Sitzplatz in der vollen U-Bahn, dem Bus oder der Straßenbahn. Wenn du fest daran glaubst, dass du einen bekommen wirst, dann wird entweder einer frei, wenn du einsteigst, oder in Kürze steht jemand auf, der aussteigen will, und du bekommst den Platz. Das kann ich dir aus Erfahrung bestätigen.

Es ist eine gute Angewohnheit, dem Universum dann gleich für den erhaltenen Parkplatz oder Sitzplatz aufrichtig „Danke“ zu sagen. So trifft dies noch öfter ein.

Ein anderes Beispiel, was dir vielleicht bekannt vorkommt: Wenn du an eine Person denkst, die du kennst und vielleicht schon lange nichts mehr von ihr gehört hast, dann wird sie sich wahrscheinlich per Telefon oder per E-Mail in Kürze bei dir melden, du wirst sie irgendwo unerwarteter Weise treffen oder ein Dritter wird sie erwähnen. Irgendwie hast du sie mit deinen Gedanken „herbeigerufen“. Dies passiert sehr häufig.

Wenn alle Menschen um dich herum krank sind und Grippe oder Schnupfen haben, musst du deshalb nicht auch krank werden. Wenn du deine Aufmerksamkeit nicht auf die Grippe richtest, sondern auf einen gesunden Körper, kann sie an dir vorbei gehen. Wenn du aber sagst: „Ich will keinen Schnupfen“, dann wirst du ihn wahrscheinlich bald haben.

---

*Verleugne nicht die Dinge, oder verleugne sie mit Überzeugung.*

---

# Kapitel 4– Das Gesetz der Anziehung in der Praxis

## Eine schrittweise Gebrauchsanweisung, Tipps und Arbeitswerkzeuge

Wie kannst du nun das Gesetz der Anziehung einfach, aber effektiv in die Praxis umsetzen? Da die meisten Menschen nicht gewohnt sind, bewusst mit dem Gesetz zu arbeiten, oder vielleicht bisher noch nicht einmal wirklich davon überzeugt sind, dass es für sie funktioniert, gebe ich dir hier eine Schritt für Schritt Anweisung, damit du lernen kannst, es zu deinem Vorteil zu gebrauchen. Außerdem bekommst du noch einige Tipps zu dem Thema Resonanzgesetz und verschiedene Werkzeuge mit auf den Weg, damit dir das Manifestieren einfacher gelingt.

# Die Technik, einfach erklärt in 6 Schritten

Beginnen wir also mit dem Prozess des Manifestierens, Schritt für Schritt.

*Schritt 1: Mache ein Inventar deines jetzigen Lebens*

Es ist wichtig, dass du dir der Status Quo bewusst wirst. Wo befindest du dich aktuell in deinem Leben? Wir müssen erst einmal lernen, bewusst zu werden. Das fehlt uns oft in unserem modernen Alltagsleben, denn wir funktionieren häufig nur noch auf Knopfdruck.

Also, raus aus dem Autopilot Modus. Aus irgendeinem Grund hast du ja dieses Buch ausgewählt.

Nimm dir also ein bisschen Zeit nur für dich, hol dir ein Blatt Papier oder ein Notizbuch und einen Stift und schreibe auf, wie dein Leben zurzeit **in allen Bereichen** aussieht. Es ist wichtig, dass du dabei absolut ehrlich bist. Schließlich ist es nur für dich und du brauchst niemandem zu imponieren oder Rechenschaft abzulegen für das, was du sagst.

Die folgende Liste mit Fragen soll dir am Anfang etwas helfen, Ordnung in deine Ideen zu bekommen. Die drei wichtigsten Bereiche, auf die wir uns normalerweise konzentrieren, sind unser Liebesleben, das Geld und unsere Gesundheit. Aber es gibt noch weitere Aspekte unseres Lebens, die auch wichtig sind und die ich oben im Kapitel 3 schon genannt habe. Mache diese Bestandsaufnahme also bitte auch für diese Bereiche.

### Ein Fragenkatalog als Hilfestellung

Wenn du die Antworten zu den folgenden und weiteren Fragen aufschreibst, notiere bitte sofort das, was dir spontan dazu einfällt. Das ist es nämlich, was deine Gefühle widerspiegelt und dein gegenwärtiges Leben kontrolliert bzw. programmiert. Denke daher nicht zu viel darüber nach. Sonst kommt unser rationales Gehirn wieder zum Zug.

- Was machst du von Beruf?
- Macht dich deine Arbeit glücklich?
- Wie viel verdienst du?
- Hast du eine feste Beziehung?
- Bist du verliebt?
- Wie verstehst du dich mit deiner Familie?
- Welche Freunde hast du?
- Wie sieht es mit deiner körperlichen Gesundheit aus?
- Wie fühlst du dich geistig?
- Was denkst du über deinen Körper?
- ....
- ....
- ....

Bist du mit deinen Antworten auf die Fragen glücklich? Wenn ja, dann brauchst du nichts mehr zu ändern und hast schon die richtigen Gedanken für dein Leben.

Wenn du aber mit einer oder mehreren Antworten nicht zufrieden bist, dann kannst du das Gesetz der Anziehung anwenden und dein Leben umgestalten, indem du deine Gedanken änderst. Das, was dein augenblickliches Leben darstellt, ist das Resultat von dem, was du tagein tagaus denkst. Wie ein Magnet ziehst du daher diese Resultate an. Das Universum handelt einfach wie dein treuer Diener und reagiert auf das, was du denkst und fühlst. Möchtest du andere Resultate? Dann musst du andere Bilder in deinen Gedanken erzeugen.

*Schritt 2: Finde heraus, was du wirklich im Leben willst*

Dies ist ein wichtiger Punkt, den viele Menschen kurzerhand auslassen. Warum ist er wichtig? Wenn dir nicht wirklich klar ist, was du in deinem Leben willst, dann werden deine Gedanken und Wünsche diese Unentschlossenheit widerspiegeln. Das Universum kann nicht sinnvoll darauf reagieren, wenn du ihm heute eine Sache aufträgst und morgen doch lieber eine andere oder du voller Zweifel bist. Sei präzise! Dazu musst du dir aber erst darüber klar werden, was du wirklich willst. Das ist wichtig, damit die gewünschten Resultate eintreten können.

In anderen Worten, wenn du aus dem Versandhaus des Universums bestellst, dann sollte die Bestellung selbstverständlich ganz klar sein. Du kannst dem Versandhaus nicht sagen: „Ich möchte einen Pullover, aber ich weiß noch nicht so genau, aus welchem Material und in welcher Farbe. Aber ich möchte einen Pullover.“ Vielleicht bekommst du dann einen Pullover, aber wer weiß, ob er das ist, was du dir vorgestellt hattest. Möglicherweise wird er auf diese Art und Weise einfach im Kleiderschrank landen und du hast immer noch das Gefühl, dass dir ein Pullover fehlt.

Nimm dir nun also etwas Zeit und analysiere, was du wirklich in jedem Bereich, den du als unbefriedigend in deinem Leben empfindest, haben möchtest. Dazu solltest du etwas in dich hineinhorchen. Eine gute Möglichkeit, dies zu tun, ist durch die Meditation, die wir dir bei den Werkzeugen weiter unten etwas näher beschreiben, für den Fall, dass du sie noch nicht ausprobiert hast.

Dieser Schritt ist also wichtig, um dem Universum zu sagen, was wichtig für dich ist. Das muss nicht das Gleiche sein, was für deinen Partner oder deine Freundin wichtig ist. Aber es ist auch gut zu wissen, dass du jederzeit eine neue Bestellung aufgeben kannst. Die Antwort des Universums wird um zu zutreffender sein, je genauer du die Bestellung definiert.

*Schritt 3: Tu und wünsche dir das, was dir Spaß macht*

Ebenso wichtig ist, dass diese Dinge, die für dich wichtig sind, wirklich aus deinem Herzen kommen und dir nicht von jemand anders suggeriert oder diktiert werden. Nur so kannst du ein wirklich positives Gefühl zu den Gedanken und nachfolgenden Resultaten entwickeln.

Wenn dir nicht klar ist, was das wirklich ist, weil du das Gefühl hast, du bist in einer Sackgasse gelandet, dann setze dich hin, meditiere und horche in dich hinein. Dein Höheres Selbst weiß es. Stelle dir Fragen wie:

- Was macht mich glücklich, wirklich glücklich?
- Wenn ich etwas tue, wie fühle ich mich dann? Unsere Gefühle sind die Antennen dafür, ob etwas gut für uns ist oder nicht.

Wenn du Dinge tust, die dich glücklich machen, ziehst du mehr davon an.

*Schritt 4: Setze Prioritäten*

Vielleicht gehörst du zu den Personen, die irgendwann in ihrem Leben an den Punkt kommen, wo sie am liebsten noch einmal bei null anfangen würden. In anderen Worten, sie sind mit ihrem Leben im Ganzen nicht mehr glücklich und würden gerne alles neu im Versandhaus des Universums bestellen. Oder vielleicht möchtest du auch nur einige Dinge ändern.

Ich empfehle dir in diesem Fall, dass du Prioritäten setzt. Was ist für dich im Moment am wichtigsten? Konzentriere dich erst auf eine Sache, dann auf die nächste und so weiter, vor allem am Anfang, wenn du es noch nicht so gewohnt bist, Bestellungen beim Universum zu machen.

Warum? Es ist normalerweise für die meisten Leute einfacher, sich immer nur auf eine Sache zu konzentrieren und diese klar zu mit ihren Gedanken zu manifestieren. Unsere ganze Aufmerksamkeit sollte auf diese eine Sache gerichtet sein.

Im Prinzip kannst du natürlich mehrere Dinge auf einmal manifestieren, und wenn du ein Fortgeschrittener in der Materie bist, wirst du auch keine Probleme mehr damit haben, aber als Anfänger geh schrittweise vor.

*Schritt 5: Mache deinen Auftrag an das Universum*

Nun beginnen wir mit dem wirklichen Bestellen im Versandhaus des Universums. Dieser Prozess ist in Wirklichkeit sehr einfach. So einfach, dass du es mir vielleicht gar nicht glauben wirst. Aber vertraue mir, es ist so einfach und funktioniert. Alles Übrige, was andere dir möglicherweise sagen, ist unnötiger Hokuspokus. Das Resonanzgesetz funktioniert ohne Rituale. Es funktioniert wie ein Echo. Das, was du sagst, kommt zurück. In unserem Fall, das, worum du bittest, erhältst du.

Dazu solltest du die ersten vier Schritte hinter dich gebracht haben. Sie sind, vor allem am Anfang, sehr wichtig, um das Echo richtig zu nutzen, also keine unklaren Nachrichten an das Universum zu schicken.

Ich möchte noch einmal wiederholen: Schicke keine Nachrichten mit einer Knappheitsbotschaft an das Universum.

---

*Beispiel:*

*„Ich brauche (oder will) ein neues Auto." Diese Nachricht besagt, auf diese Art und Weise, dass du dringend ein neues Auto haben möchtest, weil deins nicht mehr funktioniert oder schon alt ist oder was auch immer. Du brauchst es, es fehlt dir, und du bist vielleicht schon ganz*

*verzweifelt deswegen. Das ist eine schlechte Energie, um um etwas zu bitten.*

*Du solltest es anders machen. Male dir im Geiste aus, wie du schon mit dem Auto herumfährst und es genießt (du brauchst und solltest nicht auf die Marke und andere Details zu achten). Beschäftige deine Gedanken in positiver Weise mit dem Auto und dem Besitz des Autos. Das Fehlen des Autos zu fühlen wäre eine negative Weise. Dann sagst du dir: „Und jetzt brauchen wir noch dieses Auto." Mit Überzeugung. So, als ob du bei dir zu Hause bist und weißt, dass ein gewisser Gegenstand da ist und du sagst, du brauchst ihn nun für irgendetwas, was du tust. Du glaubst nicht nur, dass er da ist (im Schrank oder in einer Schublade, etc.), sondern du weißt es mit Sicherheit. Genauso machst du es mit dem, was du manifestieren willst.*

*Wie du siehst, habe ich in beiden Fällen das Wort „brauchen" genommen, aber die Energie dahinter ist völlig verschieden.*

---

Das Echo funktioniert also so: Du denkst mit Überzeugung an etwas und es manifestiert sich früher oder später in deiner Realität, solange du nicht daran zweifelst. Mach keine

Aussagen mit einer Zukunftsform des Verbes wie oft vorgeschlagen wird. Sage das, was du jetzt brauchst, in der Gegenwartsform. Sonst manifestierst du immer, dass etwas in der Zukunft (= also nie) kommen wird.

Je öfter du an das Gewünschte denkst, desto einfacher und schneller ist es, dass sich dies manifestiert. Das, worauf du deine Energie lenkst, wird sich realisieren. Du brauchst aber nicht mehrfach darum bitten. Den Auftrag an das Versandhaus machst du nur einmal. Du weißt, dass dies ein sehr zuverlässiges Versandhaus ist, also kommt das Bestellte. Du brauchst auch nicht mehr nachzufragen. Das würde nur bedeuten, du hast Zweifel, glaubst also nicht wirklich daran, dass du es bekommst.

Vielleicht erscheint es dir am Anfang sehr schwer, an etwas zu glauben, dass du noch nicht gesehen oder bekommen hast. Aber erinnere dich an das, was ich dir am Anfang erklärt habe. Wir erschaffen und manifestieren die Dinge auf einer anderen Ebene, wo alles schon existiert. Durch unsere Gedanken holen wir sie in unsere materielle Welt. Das kann manchmal etwas länger dauern, je nach Art des Wunsches. Bei manchen Dingen, die wir uns wünschen, sind andere Menschen beteiligt, und das Universum muss erst alles in Bewegung setzen. Durch unsere limitierte Wahrnehmung in 3D können wir dies aber nicht sehen, also ist es unsere große Herausforderung, zu glauben und zu vertrauen. Mit Zweifeln machst du die Arbeitsweise des Universums zu Nichte, da deine Gedanken und deren Energie dann in eine andere Richtung gehen.

*Schritt 6: Empfange das Gewünschte*

Wenn du das Gewünschte dann erhalten hast, sag Danke und freue dich.

---

> *Tu das, was du tun und fühlen würdest, wenn dir heute dein Wunsch erfüllt würde. Dies ist ein machtvolles Signal an das Universum.*

---

# Weitere nützliche Bemerkungen zum Gesetz der Anziehung

*Ein kleiner Exkurs über negative und positive Formulierungen*

Es ist im Prinzip egal, ob du dem Universum sagst, dass du etwas haben möchtest oder ob du ihm sagst, dass du es nicht haben möchtest, sagen wir mal einen roten Ball. In jedem der beiden Fälle ist deine Aufmerksamkeit auf den roten Ball gerichtet und er wird irgendwie und –wann zu dir kommen, wenn du es richtig machst.

Was ist dann der Unterschied? Bei der negativen Formulierung hast du negative Gefühle, die zu niedriger Schwingung führen. Sie sind keine gute Basis für dein persönliches Wohlbefinden. Es ist also immer und in jedem Fall vorzuziehen, positive Gedanken und Gefühle zu haben.

*Das Wichtigste ist, dass du dich im Hier und Jetzt immer gut fühlst*

Dies ist wirklich der Schlüssel, damit du immer positive Gedanken und Gefühle hast. Denn, wenn du an etwas denkst, dass dir missfällt und du dich auf diesen Gedanken einlässt und daran festhältst, dann wirst du mehr davon bekommen. Das Geheimnis ist also, jedes Mal, wenn das passiert und sobald du es bemerkst, umzudenken, auf der negativen Spirale bewusst umzudrehen. Um dies leichter zu erreichen, gebe ich dir unten bei den Werkzeugen noch einige Ratschläge, wie du deine Schwingung wieder auf ein positives und damit höheres Niveau bringen kannst.

*Der Einfluss anderer beim Gesetz der Anziehung*

Auch, wenn es richtig ist, dass wir unser Leben selbst durch die Schwingung entscheiden, die wir an das Universum aussenden, dürfen wir doch nicht vergessen, dass wir in einer „Energiesuppe" leben, die alles miteinander verbindet, eben das vorher erklärte Meer aller Möglichkeiten und die Schwingungen aller Menschen und Dinge. Die sich daraus in erster Linie manifestierenden Energien und Dinge variieren von Land zu Land, von Volk zu Volk, von Kontinent zu Kontinent, weil wir als Menschengruppen unterschiedliche Lebensbedingungen besitzen, verschiedene Auffassungen von der Realität haben und auch verschiedenen Prioritäten. Und diese Energien spielen immer eine Rolle, wenn wir uns eingetaucht in sie befinden. Unsere Realität ist also nicht nur unsere eigene Manifestierung der Realität, sondern auch die der anderen Menschen in unserem engeren oder weiteren Umfeld. Allerdings können wir durch ein langfristiges Beharren im Grunde genommen jedes Resultat erzielen.

Auf der anderen Seite gilt das Sprichwort

*Jeder ist seines Glückes Schmied.*

Diese Aussage ist richtig, das heißt, niemand kann für dich manifestieren, niemand kann direkt in dein Leben eingreifen, außer wenn du es zulässt. Aber wir können uns gegenseitig beeinflussen, auch auf dem Schwingungsniveau. Wenn du es erlaubst, dann kontrolliert der oder die anderen dein Leben. Wenn nicht, dann bist nur du Herr deines Lebens, und niemand anders entscheidet darüber.

*Wie wirken sich unsere Gedanken über andere Menschen aus?*

Viele Menschen glauben, dass, wenn wir negativ über andere denken (also nur denken, aber die Gedanken nicht aussprechen), dann hat das keinen negativen Effekt auf die Person. Das ist aber nicht richtig. Es hat als erstes eine negative Wirkung für dich, da du die Gedanken denkst und dich in eine Negativschleife begibst, aber es hat auch eine negative Wirkung für andere Menschen. Dies ist einerseits die Person, über die du negativ gedacht hast und deren Energiepegel du so ebenfalls senkst, muss aber nicht unbedingt nur diese Person sein.

Erinnerst du dich daran, dass ich dir erklärt habe, dass wir mit unseren Gedanken aus dem Meer aller Möglichkeiten die Eventualitäten in unsere Realität holen und für immer erschaffen? Diese Realität gewordene Möglichkeit, die du durch deine Gedanken erschaffen hast, steht nun für jeden bereit, sie zu gebrauchen. Und dies ist so, weil alles Energie ist und durch das Meer der Möglichkeiten wir alle verbunden sind. Diese von dir geschaffene Möglichkeit kann ebenso zu dir selbst zurückkommen.

Identisch gilt dies natürlich auch für positive Gedanken. Je mehr du positiv denkst (über dich, andere, das Universum), umso positiver ist deine Energie und Ausstrahlung und umso mehr Positives wirst du anziehen. Aber du erschaffst damit auch mehr positive Dinge, die dann für alle Menschen verfügbar sind, erschaffst also eine positivere Welt.

*Handeln ist wichtig*

Es ist nicht nur wichtig, unsere Worte und Gedanken ins Universum zu schicken, um etwas zu erreichen. Ebenso wichtig ist, auch zu handeln. Es gibt Fälle, wo die Wünsche wie Wunder vom Himmel fallen, aber der Normalfall ist, dass wir etwas dazu tun müssen, damit sie geschehen. Es bleibt sonst alles in einer schönen Theorie.

---

*Die Italiener haben einen schönen Witz, der dies deutlich macht:*

*Ein frommer, aber armer Mann bittet jeden Tag in der Kirche: „Gott, bitte lass mich in der Lotterie gewinnen." – Eines Tages antwortet ihm Gott: „Ja, einverstanden. Aber bitte kaufe dir ein Los.“*

Wenn du also tagaus tagein visualisierst, deinen Traumpartner zu treffen, aber nie vor die Tür gehst, dann wird es zumindest sehr schwer, dass er oder sie sich bei dir präsentiert.

Aber was passiert in Wirklichkeit, wenn du durch Visualisieren oder andere Techniken deinen Wunsch zum Universum sendest? Du siehst plötzlich Möglichkeiten und Wege, die sich dir vorher nicht eröffnet hatten, weil du einfach nicht auf dieser Wellenlänge warst. Wenn wir mit dem Beispiel des Traumpartners weitermachen, dann bekommst du vielleicht plötzlich eine Einladung zu einem Essen, und dort kannst du diese besondere Person kennenlernen. Oder du meldest dich zu einem Kursus an und dein Traumpartner ist ein weiterer Teilnehmer. Aber du hast immer die Möglichkeit, diese Einladungen auszuschlagen und zu Hause zu bleiben. Was machst du? Du bewegst dich natürlich und tust deinen Teil, damit etwas passieren kann, aber ohne Übereifer, der wieder eine Knappheitsenergie aussenden würde. Wenn du nicht handeln würdest, wäre es, als ob der Postbote des Versandhauses des Universums an deine Tür klopft und du machst nicht auf. Das wäre unsinnig.

### *Je mehr du mit dem Gesetz der Anziehung arbeitest, desto besser funktioniert es*

Dies können wir auf zweifache Weise sehen.

Zum einen ist es einfacher, etwas in unserem Gehirn festzuhalten, wenn alle unsere Sinne daran beteiligt sind. Dies ist eine Form, sich mehr mit etwas zu beschäftigen. Unser Gehirn funktioniert nicht nur gut mit Bildern, sondern noch besser, wenn wir zum Beispiel zusätzlich wissen, wie sich etwas anfühlt oder schmeckt. Ein einfaches Beispiel ist ein Apfel. Wenn du nicht nur weißt, wie er aussieht, sondern auch, wie er schmeckt, lernt dein Gehirn schneller zu erkennen, was ein Apfel ist. Das liegt daran, dass unser Gehirn so multiple neuronale Verbindungen erstellt, die das Erlernte noch verstärken.

Auf der anderen Seite funktioniert das Gesetz der Anziehung wirklich jedes Mal besser und schneller, je mehr du es bewusst gebrauchst und mit ihm arbeitest. Die Dinge präsentieren sich jedes Mal schneller. Falls du es nicht glaubst, lade ich dich ein, es auszuprobieren.

Dies hat mit dem Dominoeffekt der Kettenreaktion zu tun und damit, dass du deine Gedanken bewusst in eine konkrete Richtung steuerst, sie also nicht mehr heute positiv und morgen negativ sind, was oft passiert, wenn das Gesetz der Anziehung mit unseren unbewussten Gedanken arbeitet.

Eine Kettenreaktion wird bei dem bekannten Domino-Effekt durch nur einen Dominostein ausgelöst. Du entscheidest, in welche Richtung du ihn umfallen lässt. Stell dir vor, eine Richtung ist die positive und die andere ist die negative deiner Gedanken. Du entscheidest bei jedem Ereignis, ob du es positiv oder negativ siehst. Und dementsprechend ist normalerweise der Rest deiner Gedanken. Und dieser Ausgangsgedanke kann etwas sehr Simples und Dummes sein, zum Beispiel, dass dir etwas herunterfällt oder dass das

Wetter morgens eher grau und trübe ist. Natürlich kann dies auch ein unbewusster Gedanke sein. In welche Richtung fallen deine Dominosteine (= Gedanken) dann? Wie nimmst du das Ereignis?

Wichtig ist, diese Kettenreaktion nicht nur zu beobachten, also ihr bewusst zu werden, sondern sie aktiv zu unterbrechen. Albert Einstein hat dies sehr treffend ausgedrückt.

> *Die wichtigste Entscheidung, die wir treffen, ist, ob wir glauben, in einem freundlichen oder feindlichen Universum zu leben.*
>
> ALBERT EINSTEIN

Wie siehst du deine Welt? Oder wie hast du sie bisher verstanden? Nun weißt du, dass du die Macht hast, alles aus ihr zu machen. Du hast die Wahl. Wähl das, was dir guttut. Das Universum existiert einfach nur, ohne Wertung.

### *Wie komme ich mit meinem Unterbewusstsein in Kontakt?*

Unser Unterbewusstsein manifestiert sich für uns durch unsere Gedanken und Gefühle. Achte darauf, was du ständig denkst und wie du dich fühlst. Das gibt dir Aufschluss darüber, was in dir vorgeht.

Du hast dich bestimmt beim Lesen dieses Buches gefragt, warum das Gesetz der Anziehung für so viele Menschen nicht funktioniert, wenn es doch so einfach ist. Das liegt daran, dass die Menschheit seit Langem daran gewohnt ist, sich über das zu beklagen, was sie nicht hat, was sie nicht will, etc., statt das zu sehen, was sie will. Und das verursacht eben die oben erklärte Kettenreaktion in die negative Richtung. Jetzt stell dir noch den Multiplikationseffekt für die Energie so vieler Menschen und die gegenseitige Beeinflussung vor und du verstehst, warum wir so sind.

Aber das Universum hört nicht, ob du etwas willst oder nicht willst. Es kann das nicht unterscheiden. Es registriert nur, dass du dich mit etwas ausgiebig beschäftigst und versteht, dass es das ist, was dich interessiert. Und das bekommst du zurück wie ein Echo.

Dein Unterbewusstsein funktioniert nicht mit Worten, sondern mit Bildern. Darum versteht es die Worte „nicht", „kein" oder „nie" nicht. Aber es erfasst die Bilder, die in ihm vorgehen. Und die sind von dem, was du nicht willst, oder von dem, was du willst. Das ist egal. Du kennst bestimmt das Beispiel mit dem rosa Elefanten, an den du nicht denken sollst, und schon ist er in deinen Gedanken. Unser Gehirn funktioniert einfach so, das müssen wir akzeptieren und dementsprechend lernen, mit ihm zu arbeiten.

> *Wir können unserem Gehirn nicht sagen, was es nicht tun soll.*
> *Wir müssen unserem Unbewussten bildlich klarmachen, was wir wollen.*
>
> ANTHONY ROBBINS

Zur Veranschaulichung sieh dir die folgenden Beispiele an:

| **Du sagst oder denkst:** | **Die übermittelte Botschaft.** | **Du solltest sagen oder denken:** |
|---|---|---|
| Ich darf nicht zu spät kommen. | zu spät kommen | Ich komme pünktlich. |
| Ich muss 10 Kilo Übergewicht abnehmen. | 10 Kilo Übergewicht & annehmen | Ich habe meine Traumfigur. |
| Ich darf morgen früh nicht verschlafen. | morgen früh verschlafen | Ich stehe morgen früh um 7 Uhr auf. |

Wenn du also die negativen Formulierungen in deinen Worten oder Gedanken in positive änderst, erzielst du andere Resultate.

*Wie können wir unsere Gedanken und Gefühle beeinflussen?*

Bei der Unmenge von Gedanken, die am Tag durch unser Gehirn gehen, und davon noch der größte Teil unbewusst, wird es schwer, sich vorzustellen, jeden einzelnen Gedanken unter Kontrolle zu haben. Daher solltest du deine Gefühle unter Kontrolle haben. Damit weißt du, welche Gedanken dahinter stecken.

*Nehmen wir ein Beispiel:*

*Du möchtest deinen nächsten Urlaub auf den Bahamas verbringen, aber im Moment hast du noch keine Ahnung, wie du das Geld dafür zusammen bekommen wirst. Und außerdem fehlt dir noch die Urlaubsbewilligung im Büro.*

*Was machst du also?*

*Du klebst dir Fotos von den Bahamas an die Wand.*

*Du suchst dir schon mal im Internet ein Hotel, das dir gut gefällt.*

*Du kaufst dir schon einen neuen Bikini oder eine Badehose für den Urlaub.*

*Du erkundigst dich bereits, zu welcher Jahreszeit es dort am schönsten ist.*

*Du fragst schon mal Flugpreise und –routen an.*

*…*

*So bereitest du dich innerlich ganz auf deinen Urlaub vor. Du hast das Gefühl, dass du schon fast dort bist. Für dich ist es sicher, dass der Urlaub auf den Bahamas stattfinden wird. Negative Gedanken diesbezüglich können so in dir nicht mehr aufkommen.*

---

Es ist also wichtig, jedes Mal aufkommende, negative Gedanken in positive und konstruktivere umzuwandeln. Damit haben die negativen keinen Platz.

*Wie erklärt man Kindern das Gesetz der Anziehung?*

Ganz einfach: Mit einfachen Worten. Kinder sind von Natur aus neugierig und gerne bereit, Neues zu lernen. Man muss es ihnen nur auf die richtige Art und Weise nahebringen. Denn es wäre doch toll, wenn unsere Kinder das Gesetz der Anziehung schon von klein auf ganz spielerisch anwenden könnten. Wir müssen dazu nur unseren Wortschatz ein wenig abändern.

Zum Beispiel sollten wir das Wort Schwingung oder Frequenz vermeiden. Für Kinder ist es einfacher, wenn wir fragen, wie sie sich in einer bestimmten Situation fühlen oder welche Stimmung sie fühlen. Sie können zum Beispiel sehr genau erkennen, ob zu Hause gute oder schlechte Stimmung herrscht, auch wenn sie vielleicht nicht wissen, warum. Erkläre ihnen also, dass du mit ihnen ein Spiel spielen wirst, wobei es darum geht, schlechte in gute Stimmung zu verwandeln, wie ein Zauberer mit einem Zauberstab. Das wird ihnen Spaß machen, denn schlechte Stimmung gefällt ihnen nicht. Wenn sie das Wort Stimmung noch nicht verstehen, kannst du auch fragen, ob sie auf etwas Lust haben oder nicht. Die negative Stimmung wird nicht Teil davon sein.

Nun erklärst du ihnen, dass es für das Spiel nur zwei Situationen gibt: AN oder AUS, wie der Fernseher oder das Licht. AN ist etwas, worauf man Lust hat. AUS ist dagegen etwas, worauf man keine Lust hat. Und dass es einige Wörter gibt, die verursachen, dass man keine Lust hat, also in einer AUS-Stimmung ist. Diese sind: NICHT, NEIN, KEIN, VERBOTEN, etc. Wenn diese Wörter auftauchen, fühlen wir uns negativ oder unwohl. Nun lass sie auf einem Blatt Papier zwei Listen machen. Die erste hat als Titel AUS und dort schreiben sie auf, was es alles für Anweisungen und Verbote gibt, die sich wie AUS fühlen.

Da können dann zum Beispiel Sätze aufgeschrieben werden wie: „Verboten, den Rasen zu betreten." - „Nicht im Bett essen." - „Komm nicht zu spät." - „Keine Ballspiele auf der Straße." Lass die Kinder ihre eigenen Sätze aufschreiben oder sagen, sie wissen bestimmt genug davon. Dann lest sie zusammen durch, und frag noch einmal, wie sie sich bei dieser Art von Anweisungen fühlen. AN oder AUS? Sie werden sicher sagen: AUS. Nun sagst du ihnen, sie sollten diese Dingen in der zweiten Spalte in Sätze verwandeln, bei denen sie sich besser, also AN, fühlen.

Hier könnten Sätze kommen wie: „Bitte auf dem Spielplatz spielen." - „Iss am Tisch." - „Sei pünktlich" oder „Komm schnell nach Hause". - „Spielt Ball auf dem Schulhof oder im Garten." Frag sie nun, wie sie sich hiermit fühlen.

Wahrscheinlich besser. Kinder sind bereit, Anweisungen zu beachten, wenn wir sie positiv ausdrücken. Wenn es sich um kleinere Kinder handelt, die noch nicht schreiben können, dann mache dieses Spiel mit einigen Beispielsätzen mündlich mit ihnen.

Nun sagst du den Kindern, dass dies der Trick bei dem Spiel ist, um Dinge, die schlechte Stimmung verursachen, in Dinge zu verwandeln, die gute Stimmung machen. Sie sollten dieses Spiel am besten immer anwenden. Die Kinder sind gerne bereit, mitzuspielen, und werden dieses Spiel weiterhin verwenden.

## Tipps, um ein wirklich erfülltes Leben zu führen

- Tue nicht das, was andere von dir erwarten, sondern das, was für dich gut ist und deine Lebensmission erfüllt, d. h. das, was dich glücklich macht. Im Endeffekt musst nur du nachher damit leben, niemand anders. Es ist also auch deshalb nicht fair, dass dir jemand anders sagt, wie du dein Leben leben sollst.
- Unser Lebensziel im Allgemeinen ist es, ein erfülltes Leben zu führen. Dabei sollten wir uns natürlich weiterentwickeln als Seele und als Mensch, der dieser Seele zeitweilig mit einem Körper dient. Und das heißt auch, dass nicht alles im Leben einfach sein wird. Aber das bedeutet nicht, dass wir leiden müssen und unzufrieden leben sollten. Wer dir sagt, dass dies das Leben ausmacht, der sagt dir etwas,

was nicht stimmt. Unsere höhere Mission ist es, das Leben zu genießen und so verschiedene Lektionen zu lernen. Sonst macht es keinen Sinn.

- Lass dich von der Großzügigkeit des Universums überraschen und akzeptiere mit kindlichem Erstaunen das, was es für dich reserviert hat.
- Um aus der Negativspirale herauszukommen, in der unser Gehirn scheinbar so gerne verweilt, kann ich dir einen Tipp geben. Wenn du fühlst, dass du deine negativen Gedanken immer und immer wiederkäust, dann tue etwas völlig anderes, nichts Routinemäßiges. Dieses andere lenkt uns ab, weil es neu ist. Dagegen geben die Routinebeschäftigungen dem Gehirn Freiraum, um seine Zahnräder in Bewegung zu setzen und alles nochmals durchzukauen und sich weiterhin mit denselben Gedanken zu beschäftigen.
- Vergiss die Angst. Sie hält uns in der negativen Spirale gefangen. Und sie führt zu nichts Gutem.
- Es ist nie zu spät, um zu lernen, mit dem Gesetz der Anziehung bewusst zu arbeiten.
- Wir Menschen sind die Schöpfer und Gestalter unseres Lebens, wenn wir uns dessen nur bewusst werden. Unsere schöpferische Kraft hat keine Grenzen! Dein ganzes Leben ist deine Schöpfung, bis heute und in die Zukunft.
- Das Universum hinterfragt deine Befehle nicht, es führt sie 1:1 aus.
- Die Tatsache, dass jemand das Gesetz der Anziehung nicht versteht oder nicht daran glaubt, bedeutet nicht, dass es für ihn nicht funktioniert.

- Irgendwann kommt der Punkt, an dem du dich nicht mehr bewusst in dem Gesetz der Anziehung üben musst. Es fließt einfach alles automatisch. Dann weißt du, dass du schon ein Meister in dem Thema geworden bist.
- Es ist eine gute Angewohnheit, seine Wünsche auf Papier niederzuschreiben. In der Gegenwartsform und mit der schon impliziten Bedankung.
- Wenn du schon mehr Erfahrung mit dem positiven Manifestieren hast, kannst du gleich um mehrere Dinge gleichzeitig bitten.
- Achte auf das, was du denkst und sagst. Das Resonanzgesetz funktioniert immer und sehr exakt. Deine Worte und Gedanken sind der Auslöser dessen, was du in deinem Leben erwarten kannst.
- Leidenschaftliche Gefühle – im Negativen und im Positiven – verstärken den Effekt des Resonanzgesetztes und seine Geschwindigkeit.
- Der große Meister des letzten Jahrhunderts, Neville Goddard, schlägt uns vor, abends vor dem Schlafengehen den vergangenen Tag nochmals vor unserem geistigen Auge Revue passieren zu lassen und in Gedanken das zu ändern, was uns nicht gefiel und durch etwas Positives zu ersetzen. So wird jeder Tag zu einem positiven Tag. Wenn du dies machst, zeigst du, dass du verstanden hast, dass im Grunde genommen alles mental ist.

# Nützliche Werkzeuge, um das Gesetz der Anziehung effizient anzuwenden

*Denke positiv*

Sicher hast du während des Lesens dieses Buches schon verstanden, wie wichtig positive Gedanken sind. Leider ist aber die Mehrzahl unserer Gedanken in unserem täglichen Leben negativ ausgerichtet, und zwar auf das, was uns stört, was wir nicht wollen oder nicht haben.

Um positive Resultate zu erzielen, müssen wir also negative Gedanken bewusst gegen positive austauschen. Ich sage bewusst, weil wir uns dies wirklich bewusst machen müssen. Glücklicherweise können wir etwas daran ändern. Dies ist also ab jetzt unsere Hausaufgabe.

Wenn du negativ denkst, wirst du mehr negative Gedanken anziehen, und immer mehr. So malst du dir vor deinem inneren Auge ein sehr schwarzes Panorama aus, bis du Angst bekommst. Irgendwann fühlst du dich dann ganz unten in dem tiefen Loch. Oft ist es so, dass erst, wenn wir unten im Loch angekommen sind und das Gefühl haben, dass sowieso alles verloren und zu spät ist, wir die Angst verlieren, vor den Umständen kapitulieren und sagen, es möge kommen, was kommen soll. Erst in diesem Moment haben wir die Möglichkeit, etwas zu ändern. Die Angst zieht uns nur immer tiefer in das dunkle Loch. Drehe dich auf der Negativspirale bewusst und entschlossen um und verwandele sie in eine Positivspirale. Du musst nicht warten, bis du ganz unten angelangt bist. Du kannst dich an jedem Punkt umdrehen.

Wie kann man das in der Praxis erreichen?

Oft hilft es, zu verstehen, dass wir hier sind, um etwas zu lernen, aber nicht, um zu leiden.

Immer, wenn du in deinem Tagesablauf merkst, dass du einen negativen Gedanken hast, stoppe ihn sofort und denke bewusst an etwas anderes, an etwas Positives. Frage dich dann jedes Mal, ob du konstruktiv oder destruktiv denkst. Denn negatives Denken, Selbstmitleid und sinnloses Grübeln über die Dinge, die uns passieren, schaden uns. An der Universität Genf hat man festgestellt, dass eine negative Einstellung zum Leben unser Gehirn zehn Jahre altern lässt. Abgesehen davon ist die ewige Grübelei auch sehr anstrengt, sie verbraucht viel Energie durch unser damit ständig beschäftigtes Gehirn, die wir besser für konstruktive Dinge gebrauchen sollten. Und natürlich vergiften wir auch unsere Umwelt mit unseren negativen Gedanken.

Dabei liegt es völlig an uns, wie wir ein Ereignis nehmen und interpretieren. Und oft ist es genau das, was wir vermeiden können: die Interpretation. Ein Ereignis existiert einfach, wie ich es interpretiere und bewerte, ist meine Sache. Versuche doch einfach, ihm eine positive oder zumindest neutrale Bewertung zu geben. Die Welt ist nicht gegen dich, oft sieht es für dich nur so aus, weil du in der Negativspirale bist. Wenn unser Gehirn mit negativen Gedanken und Gefühlen wie Angst und Ärger beschäftigt ist, ist es viel weniger in der Lage, Lösungen zu finden. Du entscheidest!

Am besten ist es, gleich nichts Negatives in deine Gedanken kommen zu lassen. Dazu hilft es, schlechte Nachrichten, Sensationshascherei, Klatsch und Tratsch, Lästereien und

Kritik aus deinem Umfeld zu verbannen. Du brauchst diese Art von Neuigkeiten und Informationen in deiner Welt nicht.

Beginne deinen Tag schon positiv. Oft ist es für den Verlauf des Tages ausschlaggebend, mit welchen Gedanken und Gefühlen du deinen Tag begonnen hast. Wenn du morgens schon mit negativen Gedanken aufwachst, zum Beispiel, was du alles noch tun musst und gar keine Lust hast, dann wird auch dein Tag in diesem Stimmungspanorama verlaufen, und du wirst mehr negative Dinge in dein Leben ziehen. Wenn du aber morgens nach dem Aufwachen an etwas Positives für den kommenden Tag denkst und dir zum Beispiel vorstellst, wie du alles ohne Probleme löst, dann wirst du wahrscheinlich mit einem frohgesinnten „Packen wir es an“ aus dem Bett springen, und alles läuft leichter.

Wie kannst du nun aber konkret negative Gefühle in positive umwandeln, das heißt, ein Gefühl des Mangels in ein Gefühl der Fülle verwandeln? Richte deine Aufmerksamkeit auf ein anderes Thema, das dich im Moment nicht so beschäftigt. Das kann zum Beispiel das schöne letzte Wochenende mit der Familie sein oder der Abend mit Freunden. Es gibt immer Momente oder Situationen in unserem Leben, die angenehm sind oder waren. Denke bewusst ein paar Minuten daran und erlebe diesen Moment von neuem. Nach ein paar Minuten solltest du dich schon besser fühlen und hast die negativen Gedanken hinter dir gelassen.

Hast du gesehen, welche Wirkung unsere Gedanken haben? Du hast immer die Wahl. Frage dich also öfter mal bewusst, bei welchem Gedanken du dich besser fühlen könntest und tausche einen anderen, negativeren gegen diesen aus. Wenn es dir am Anfang schwerfällt, mache es in kleinen Schritten.

Jeder Gedanke, der dich positiver fühlen lässt, ist besser. Egal, wie viel.

*Visualisiere*

Das Visualisieren ist ein hervorragendes Werkzeug, wenn es uns am Anfang noch schwerfällt, einfach vorzustellen, dass wir das Gewünschte vom Universum bekommen. Stell dir also vor, dass du das Gewünschte schon erhalten hast und sehe dich mit deinem erfüllten Wunsch. Erlebe es in deinem Inneren, wie gut du dich dann fühlst und sei dankbar dafür. Diese Emotionen und Gefühle sind machtvolle Schwingungen. Denke an das Paket vom Universum, das schon unterwegs zu dir ist, und stelle dir vor, wie du es empfängst und aufmachst. Diese Freude solltest du im Voraus fühlen. Das ist das Geheimnis der Visualisierung: Der Glauben muss vor dem Erhalten kommen.

Um dies zu unterstützen, kannst du dir auch ein Vision Board erstellen. Dazu nimmst du ein großes Stück festes Papier oder Karton, auf das du Fotos von dem klebst, was du haben willst, aber auch Sprüche, die deine positiven Gedanken widerspiegeln. Dieses hängst du dir an einen Ort, wo du es mehrfach täglich siehst.

Die Bilder in deinem Kopf bestimmen dein Weltbild. Wenn diese Bilder nicht dem entsprechen, was du haben willst, dann musst du die Bilder ändern. Die Visualisierung ist ein machtvolles Werkzeug, um dies zu erreichen. Durch sie setzt du deine schöpferische Kraft in Bewegung.

Nimm dir dazu ein- bis zweimal täglich fünf bis zehn Minuten Zeit. Die beste Zeit für diese Übung ist morgens direkt nach dem Aufwachen und abends vor dem Schlafen.

Stell dir dein gewünschtes Resultat genau vor, mit allen Details. Nun lass alle deine Sinne daran teilhaben. Was fühlst du? Was siehst du? Was hörst du? Wie fühlst du dich mit dem Szenario? Notfalls kannst du noch Änderungen machen. Wenn du die Bilder deiner Visualisierung mit Emotionen verstärkst, ist die ausgesendete Schwingung viel stärker.

Du solltest diese Übung mindestens 21 Tage hintereinander durchführen. Studien haben gezeigt, dass 21 Tage notwendig sind, damit unser Gehirn die notwendigen neuronalen Verbindungen herstellt, damit eine Aktivität als Gewohnheit registriert wird. Damit machst du sie dann automatisch. Aber es ist wichtig, dass du keinen dieser 21 Tage auslässt. Falls dies aus irgendeinem Grunde geschehen sollte, musst du mit den 21 Tagen von neuem beginnen. Dies gilt für alle Prozesse, die uns zur Gewohnheit werden sollen.

Eine gute Strategie ist, die Visualisierungsübung mit einer Meditation, zum Beispiel einer Achtsamkeitsmeditation zu kombinieren.

Du kannst deinen Wunsch auch als einen Leitsatz oder Motto aufschreiben und dir täglich mehrfach laut vorlesen. Wichtig ist, dass du dies bewusst machst, der Leitspruch also von deinem Verstand aufgenommen wird.

*Sei dankbar*

Das Thema Dankbarkeit ist sehr wichtig in unserem Leben, aber die meisten Menschen nehmen die Dinge als selbstverständlich und gegeben hin. Wer macht sich schon Gedanken darüber, wo die Dinge, die wir erhalten, herkommen? Dies ist vor allem so, wenn wir in einer Welt der Fülle leben, so wie es zum Beispiel in Europa ist. Aber auch dann ist es wichtig, die Dinge wertzuschätzen. Warum? Was hat es damit auf sich?

Wer bewusst beobachtet und dankbar ist, wendet die Naturgesetze an und gestaltet sein Leben durch sie. Er wird sich der Fülle um sich herum bewusst und entwickelt ein positives Gefühl für sie.

Normalerweise sind wir dankbar, eben weil wir etwas bekommen, also im Nachhinein. Wir erhalten etwas, erkennen dies und sind dankbar. So haben wir es gelernt. Aber wenn wir die Naturgesetze wirklich und richtig nutzen wollen, dann sollten wir schon im Voraus dankbar sein. Das ist etwas, was die meisten Menschen noch lernen müssen, aber es bringt uns genau in die richtige Schwingung, um zu empfangen.

Das ist der Geheimtipp: Dankbar sein für das, was man noch nicht empfangen hat. Wenn du glaubst, das geht nicht, dann lass es dir erklären. Wenn du bereits Dankbarkeit für etwas fühlst (wirklich fühlst!), das du noch nicht erhalten hast, als ob es schon deins wäre, dann bedeutet dass, dass du dich genau auf der Schwingungsfrequenz befindest, die dieser Gegenstand oder diese Situation hat, du richtest deine

Aufmerksamkeit darauf und du bist natürlich in einer Schwingung der Fülle und nicht des Mangels. Wenn man dankbar ist, kann man nicht gleichzeitig Mangel fühlen. Du siehst deine Wünsche bereits als Wirklichkeit an. Dies ist also ähnlich wie visualisieren, aber noch mit der Energie des Dankes dahinter.

Das Gesetz der Anziehung reagiert darauf, indem es dir davon dann mehr gibt. Es reagiert auf die Energie, nicht auf den erhaltenen Gegenstand. Für das Resonanzgesetz ist das eine und das andere eine Tatsache. Sei also schlau, programmiere deine Denkweise um, und sage „Danke" für das, wovon du noch träumst. Warte mit deinem Dank nicht, bis du es erhalten hast.

Aber warte auch so nicht darauf, dass Wunder geschehen. Verstehe, dass dieses Denken einen Prozess in Bewegung setzt, der mit deinem Zusammenwirken die Dinge in die gewünschte Richtung zum Laufen bringt. Du musst also schon etwas dafür tun, aber es wird dir selbstverständlich erscheinen. Der Auslöser für die Wunder in deinem Leben bist du. Werde durch die Dankbarkeit der Magnet für mehr Dinge und Situationen in deinem Leben, die sich so manifestieren können.

Und ich gehe noch einen Schritt weiter: Sei dankbar für alles, was sich in deinem Leben präsentiert, also auch für das, was dir auf Anhieb nicht besonders gefällt. Verstehe, dass hinter allem die Möglichkeit steckt, etwas zu lernen, damit du dich weiterentwickeln und dein Leben verbessern kannst.

Diese Dankbarkeit für das, was ist, und das, was du dir wünschst, wird dich Schritt für Schritt in die richtige

Richtung bringen, um jedes Mal mehr zu empfangen. Außerdem hilft es dir, dich ruhiger zu fühlen und das Leben mehr zu genießen, also weniger Stress zu haben.

Um dies praktisch durchzuführen, kannst du zum Beispiel morgens, wenn du aufwachst, überlegen, wofür du an diesem Tag (im Voraus) dankbar sein kannst. Du entscheidest damit, ob dein Tag positiv oder negativ sein wird, du wirst deinen Tag also im Voraus gestalten. Das gleiche machst du abends direkt vor dem Einschlafen, indem du für die Dinge des Tages dankst und mit diesem dankbaren Gefühl einschläfst. So wirst du den Tag schon mit einer positiven Schwingung beginnen und ebenso mit einem positiven Gefühl einschlafen. Das ist sehr wichtig für eine erholsame Nachtruhe, vor allem deshalb, weil unsere Gedanken auch im Schlaf weiterhin funktionieren, sich aber außerhalb unserer Kontrolle befinden. So lässt du sie einen konstruktiven Weg einschlagen.

Du kannst natürlich auch ein Dankbarkeitstagebuch führen, in dem du alle Dinge aufschreibst, für die du dankbar bist. Auch das funktioniert sehr gut, vor allem, wenn das Gefühl der Dankbarkeit noch nicht so sehr eine Gewohnheit von dir geworden ist.

Die Dankbarkeit, und speziell die Dankbarkeit im Voraus, ist also ein machtvolles Werkzeug, um das Gesetz der Anziehung richtig anzuwenden.

Der Tipp ist daher, dich nicht zu beklagen für das, was du nicht hast, sondern das Augenmerk auf das zu richten, was du hast, und dafür dankbar zu sein.

Die Meditation hilft uns Im Allgemeinen, zur Ruhe zu kommen, im Hier und Jetzt zu sein, den Fokus auf die wichtigen Dinge im Leben zu lenken, aufmerksamer zu werden und unsere Gehirnfähigkeit zu verbessern. Für unsere Zwecke, um mit dem Gesetz der Anziehung bewusst zu arbeiten, ist sie ein hervorragendes Werkzeug, wenn wir sie mit der Visualisierung kombinieren. Besonders gut dafür geeignet ist die Achtsamkeitsmeditation, bei welcher wir unsere aufkommenden Gedanken einfach beobachten, aber nicht steuern oder bewerten.

Unsere Gedanken sind das Resultat dessen, was wir im Verlauf unseres Lebens von anderen übernommen und selbst gelernt haben. Aber wir greifen unbewusst auch auf das generelle Wissen der Menschheit und des Universums zurück, dass, wie ich bereits weiter oben erklärte, aus dem Meer der Möglichkeiten schon manifestiert wurde und daher für immer existiert. Unsere Gedanken springen von einer Sache zur anderen, wenn wir sie nicht durch ihr Bewusstwerden in die richtigen Bahnen lenken und ihnen Sinn geben. Daher vergeuden wir oft diese kreative Kraft, die wir alle in uns haben.

Wir können das, was um uns herum geschieht, nicht wahrnehmen, geschweige denn genießen, wenn wir es nicht bemerken. Einige Menschen merken in ihrem hektischen Alltag nicht einmal mehr, wie sie sich fühlen. Das ist schon an sich von Nachteil, aber für unsere Absicht, um mit dem Resonanzgesetz zu manifestieren, müssen wir natürlich erkennen, was in uns vorgeht. Dafür ist die Meditation wie geschaffen. Du kannst die Meditation auch gebrauchen, um dich während der Meditationszeit ganz konkret nur auf die schönen Dinge in deinem Leben zu konzentrieren. Mit etwas Übung und Disziplin wirst du das schaffen.

Diese Erkenntnis hilft uns, gewisse Dinge in unserem Leben zu ändern, wenn sie uns nicht gefallen.

Wenn du noch nie meditiert hast, gebe ich dir hier eine kurze Anweisung. Suche dir einen ruhigen Ort, wo du für die nächste halbe Stunde nicht gestört wirst. Ziehe dir bequeme Kleidung an und setze dich aufrecht hin. Es muss nicht der Lotussitz oder eine spezielle Position sein. Wichtig ist nur, dass du bequem und gerade sitzt. Liegen solltest du lieber nicht, damit du nicht eventuell bei der Meditation einschläfst. Vermeide es, deine Arme zu verschränken. Wenn du ruhige Musik, Quarze oder Räucherstäbchen verwenden willst, ist das in Ordnung. Dann schließt du die Augen und beginnst, durch die Nase ein- und auszuatmen. Du achtest nun einfach auf deine Atmung, wie die Luft durch die Nasenflügel in deinen Körper hereinkommt, durch die Luftröhre zu deinen Lungen fließt, sie sich ausdehnen lässt und dann denselben Weg wieder zurückkommt und ausgeatmet wird. Versuche aber nicht, deine Atmung zu verändern. Dies ist keine spezielle Atemübung. Beobachte nur. Ich schlage dir vor, dich auf deine Atmung zu konzentrieren, weil deine Gedanken mit irgendetwas beschäftigt sein wollen. Ohne eine Beschäftigung wird es, vor allem am Anfang, nicht gehen. Wenn du versuchst, deine Gedanken „abzustellen“, wirst du frustriert sein, da uns dies normalerweise nicht gelingt. Daher ist deine Atmung ein neutraler Gedanke, der dich in deinem Gedankengang nicht von Hölzchen auf Stöckchen springen lässt. Dir werden wahrscheinlich öfter mal andere

Gedanken aufkommen, auch das ist normal. Lass sie dann einfach liebevoll wieder gehen und kehre zu deiner Atmung zurück. Beobachte einfach, was aufkommt. Wenn du erwartest, die Meditation (oder etwas anderes) perfekt zu machen, wirst du dich wahrscheinlich gestresst fühlen. Das ist nicht der Sinn der Sache.

*Mach Affirmationen*

Das Wort Affirmation steht wörtlich für eine Bejahung oder Versicherung. Affirmationen werden als eine positive und häufig wiederholte Formulierung verwendet, um das zu erreichen, was wir wollen.

Eine Affirmation sollte immer im Präsens, persönlich, spezifisch und positiv sein. Das heißt, wir tun in der Affirmation so, als ob das Gesagte schon eingetreten wäre, schreiben sie in der Ich-Form, vermeiden die Worte „nicht“ und „kein“ oder sonstige Verneinungen und sagen konkret, was wir wollen.

Am besten ist es, die Affirmationen aufzuschreiben, und zwar von Hand. Du kannst sie dann täglich mehrfach laut lesen. Oder du kannst sie auch täglich von neuem schreiben.

Die Affirmationen sind ein machtvolles Werkzeug des Mentaltrainings und haben sich als sehr effektiv erwiesen. Das liegt daran, dass wir damit unserem Unterbewusstsein eine neue Richtung geben, da sie uns helfen, unser Denken und Empfinden vor und nach zu ändern. Denke daran, dass wir nach 21 Tagen Wiederholung eine Gewohnheit schaffen.

Du kannst mit ihnen viel in allen Bereichen deines Lebens erreichen.

---

*Ein Beispiel für eine Affirmation:*

*Wenn du abnehmen willst, solltest du dir nicht immer vorsagen, wie schwer es (für dich) ist, abzunehmen, sondern:*

*Es ist leicht, fünf Kilo abzunehmen.*

*Mit dieser Aussage und deren ständiger Wiederholung bringst du dein Unterbewusst dahin, dies nach einiger Zeit zu glauben, auch wenn es bisher der Meinung war, dass das Abnehmen für dich einfach zu schwer und zu stressig war. Du überzeugst dein Unterbewusstsein sozusagen, dass es einfach ist, fünf Kilo abzunehmen und gibst damit die Erlaubnis, dass es geschieht. Es existiert also keine innere Blockade mehr in dir. Vielleicht sind diese fünf Kilo nur ein kleiner Schritt von all dem, was du abnehmen möchtest, aber sie hören sich für dich zunächst einmal glaubhaft an, und das ist der Witz. Denk daran, du kannst nur das manifestieren, was du auch glauben kannst!*

Dadurch sind Affirmationen ein sehr effizientes Werkzeug, um unsere Wünsche zu realisieren, wenn unser Unterbewusstsein uns einen Strich durch die Rechnung machen will. Denn unser Unterbewusstsein hat die Funktion, für unser Überleben verantwortlich zu sein. Wenn es ihm erscheint, dass etwas für uns einfach zu schwer ist, dann sorgt es dafür, dass es nicht geschieht, und du wunderst dich, warum es überhaupt nicht klappt.

Noch ein Tipp: Affirmationen sind erheblich wirkungsvoller, wenn wir sie in einem positiven Gemütszustand sagen und schreiben. Und wenn wir uns durch irgendwelche Aktivitäten bereits auf dem Wege zu unserem Wunschergebnis befinden, wirken sie noch besser.

*Erhöhe deine positive Schwingung*

Bis hierher weißt du nun, wie wichtig es ist, immer deine positive Schwingung beizubehalten. Aber wir wissen auch, dass dies im Alltagsleben nicht immer und zu jeder Zeit so einfach durchzuführen ist, wie man gerne hätte. Was können wir also tun, wenn unsere Stimmung mal wieder auf dem Nullpunkt angekommen ist oder in freiem Flug heruntergeht?

Hier gebe ich dir ein paar Tipps. Aber jeder weiß wahrscheinlich am besten für sich selbst, was ihn wieder aufheitert und aus dem dunklen Loch herausholt.

- Höre schöne Musik, die dich aufheitert.
- Tanze zu der Musik, oder geh mal wieder mit deinem Partner (oder ohne ihn) tanzen. Tanzen bringt uns auf andere Gedanken und lässt uns leichter fühlen.
- Gehe in der freien Natur spazieren. Frische Luft, einige Sonnenstrahlen auf der Haut und eine schöne Landschaft machen den Kopf frei von trüben Gedanken. Wenn du einen Hund hast, nimm ihn mit. Ein Schaufensterbummel in der Stadt ist dafür nicht so gut geeignet.
- Wenn du ein Haustier hast, nimm dir etwas Zeit und spiel mit ihm. Das hat eine sehr therapeutische Wirkung.
- Verbringe Zeit mit deinen Kindern oder Enkelkindern. Wenn du keine hast, „leihe“ sie dir von den Nachbarn oder anderen Familienmitgliedern aus. Lies ihnen eine Geschichte vor oder mach ein Spiel mit ihnen.
- Widme deinen Hobbys mehr Zeit. Meist bleiben diese Dinge im Alltagsleben auf der Strecke. Es ist aber wichtig, auch etwas für uns selbst zu tun, und was ist besser, als etwas zu tun, das uns viel Spaß macht?
- Besuche ein Museum, ein Konzert, eine Ausstellung, lies ein gutes Buch, das dich positiv stimmt. Alles, was dich ablenkt und auf andere Gedanken bringt, ist willkommen.

- Lächele! Lächele bewusst, auch wenn dir nicht danach zu Mute ist. Auch wenn das Lächeln am Anfang ein geheucheltes Lächeln ist. In diesem Falle ist es erlaubt, denn du wirst merken, dass das Lächeln es unmöglich macht, dich schlecht zu fühlen. Es geht nur entweder oder. Und dann mach weiter. So wirst du langsam aber sicher deinen Gemütszustand ändern. Also: „Eine gute Miene zum bösen Spiel“, bitte!
- Vermeide alles, was dich noch tiefer in die dunkle Stimmung zieht.

Dies sind nur einige Anregungen, aber du wirst bestimmt noch mehr finden. In diesem Zustand einer positiveren Schwingung kannst du viel manifestieren!

*Male, zeichne oder fotografiere deine Wünsche*

Eine sehr praktische Art, deine Wünsche herbeizuholen, ist, sie zu malen oder zu zeichnen. Dies bedeutet, dass wir uns intensiv mit dem Thema beschäftigen und auch verschiedene Bereiche unseres Gehirns miteinbeziehen. So entstehen sehr hohe Schwingungen, die mit dem gewünschten Thema in Verbindung stehen und zu dessen Realisierung nützlich sein können. Normalerweise sind es unsere Kinder, die ihre Wünsche und Träume malen, aber wir Erwachsenen sollten sie imitieren und uns die Zeit dafür nehmen. Wie wäre es, wenn du dein Traumhaus von innen und außen malst? Natürlich können es auch Fotografien für dein Vision Board sein, aber handgemachte Bilder oder Zeichnungen sind noch machtvoller.

Schreibe über deine Wünsche, mit so vielen Details, wie nur möglich. „Male“ dir dein Szenario so genau wie möglich aus. Das Schreiben wirkt befreiend. Am besten ist es, wenn du es handschriftlich machst und nicht im Computer oder auf der Tablett, da die Handschrift eine direkte Verbindung zum Gehirn herstellt. Wenn du dich für diese Variante der Manifestierung begeistern kannst, besorge dir am besten eine separate, schöne Kladde und einen angenehm schreibenden Stift oder Füllfederhalter und schreibe jeden Tag ein bisschen. Es wird dir helfen, deine Wünsche zu realisieren.

# Kapitel 5 - Probleme auf dem Weg zum erfolgreichen Manifestieren

Ja, auch darüber sollten wir noch kurz sprechen. Es gibt Menschen, die nicht sofort Erfolg mit dem Gesetz der Anziehung haben, und das hat natürlich seine Gründe.

## Grund 1 – Du glaubst nicht daran

Du boykottierst das Gesetz also, bewusst oder unbewusst. Beides ist möglich.

Wenn du es bewusst tust, dann sagst du wahrscheinlich, dass du es nicht glaubst, dass das Universum so funktioniert. Dass es zu viele Beweise in der Realität gibt, die dagegen sprechen. Und du beziehst dich wahrscheinlich auf all die Menschen, denen es schlecht geht, die scheinbar keinen Erfolg mit dem Gesetz der Anziehung haben, die ihre Wünsche nicht erfüllen. Aber diese Menschen denken mit ziemlicher Sicherheit genauso wie du und versuchen es daher gar nicht erst.

Beobachte dich deshalb einmal ganz objektiv. Ich frage immer: „Woran denkst du den größten Teil des Tages?“ Und dann kommt meist die Antwort: „An all die Probleme, die ich habe.“ Genau. Und deshalb hast du sie. Du solltest dem Gesetz der Anziehung einfach mal eine Chance geben und deine Gedanken in positive umkehren.

Wenn dein Boykott unbewusst ist, sagst du zwar, dass du eine Änderung erreichen möchtest, aber dein Unterbewusstsein spielt nicht mit. Dann trifft der Grund 2 für dich zu.

## Grund 2 – Dein Unter- oder Unbewusstsein

Dann gibt es sozusagen zwei Szenarien in dir: Auf der einen Seite das, was du bewusst denkst, und auf der anderen das, was in deinem Unterbewusstsein vor sich geht, du also gar nicht wahrnimmst. Da es aber den größten Teil deiner Gehirnaktivität in Anspruch nimmt, sendet es eine andere Frequenz ins Universum. Und so entstehen im besten Falle widersprüchliche Wünsche, so in dem Sinne von „Ja, aber vielleicht lieber doch nicht…“, auch wenn du dir dessen nicht bewusst bist.

Möglicherweise hast du dich schon öfter und auch recht intensiv mit dem Thema des Manifestierens beschäftigt, aber irgendwie es klappt nicht so recht. Du musst bedenken, dass unser Unterbewusstsein eine recht komplexe und potente Angelegenheit ist, da es dazu geschaffen ist, uns am Leben zu halten. Es funktioniert daher nicht mit Logik. Wir alle haben viele Glaubensmuster und Widersprüche in uns, denen wir uns gar nicht bewusst sind. Dies sind Dinge, Ideen und Verhaltensweisen, die wir von klein auf gelernt, aber nie hinterfragt haben, denn das tut ein Kind natürlich nicht. Aber diese Ideen haben eine Schwingungsfrequenz. Und diese Blockaden in unserem Unterbewusstsein verhindern oft, dass wir erreichen, was wir uns vornehmen und wünschen. Ich habe dir schon einige Beispiele dazu beim Thema Finanzen & Reichtum genannt. Es kann aber auch sein, dass du dir einen guten Lebenspartner wünscht, aber immer wieder unbewusst Blockaden dagegen aufstellst, weil du zum Beispiel aus der Beziehung deiner Eltern oder anderer nahestehender Personen schlechte Erinnerungen und Erfahrungen hast, die dich im Unterbewussten zweifeln lassen, ob eine feste Beziehung wohl gutgehen kann.

Diese Blockaden unseres Unterbewusstseins müssen erkannt werden und die zugehörigen negativen Energien gegen positive ausgetauscht werden, also negatives Denken durch positives ersetzt werden. Es kann sein, dass dies in manchen Fällen nicht so einfach ist und du dazu eine fachmännische Hilfe brauchst. Das könnte eine Therapie sein, zum Beispiel mit Hypnose oder NLP (Neuro-Linguistisches Programmieren), damit die positiven Schwingungen deiner bewussten Gedanken mit denen deiner unbewussten Schwingungen übereinstimmen. Jedes Mal, wenn du es schaffst, solch eine Blockade loszuwerden, wirst du merken, dass es einfacher wird, dein Wunschleben zu erreichen.

Wichtig ist dabei nur, dass du weiterhin vertraust, dass das Resonanzgesetz funktioniert und nicht aufgibst.

> *Wir sind, was wir denken. Alles, was wir sind, entsteht aus unseren Gedanken. Mit unseren Gedanken formen wir die Welt.*
>
> BUDDHA

## Grund 3 – Deine Affirmationen und Visualisationen funktionieren nicht mit negativer Schwingung dahinter

Du hast alles ausprobiert, deine Visualisationsübungen und Affirmationen richtig und jeden Tag gemacht, ein schönes Vision Board mit tollen Fotos an der Wand gegenüber von deinem Bett hängen und doch passiert nichts. Woran liegt das? Was machst du falsch? Das Resonanzgesetz soll doch für alle Menschen Gültigkeit haben. Warum funktioniert es dann für dich nicht? Welches Puzzleteil fehlt dir?

Um dies zu entdecken, frage dich, **warum** du dir etwas wünscht. Warum wünschst du dir mehr Geld? Warum wünschst du dir mehr Gesundheit? Nimm dir dafür ein paar ruhige Minuten. Wenn du tief genug gräbst, d. h. so fragst, wie es die Kinder tun („… und warum, und warum, und warum, …"), dann wirst du wahrscheinlich zu der zu Grund liegenden Antwort kommen. Es ist immer ein Gefühl, das dir im jetzigen Zustand fehlt, das du aber erreichen möchtest. Unsere Gefühle sagen uns immer, was in uns vorgeht. Sie helfen dir, dies zu erkennen und sind damit sozusagen unser

Navigationssystem, wenn wir auf sie aufpassen. Leider tun wir das aber oft nicht.

Wenn du visualisierst oder Affirmationen machst, weil dir etwas fehlt, dann fühlst du diesen Mangel und strahlst genau diese Energie aus. Und du weißt es schon, davon bekommst du mehr. Aber du willst das Gegenteil.

Wie kannst du das ändern? Denn du brauchst positive Gefühle der Fülle dahinter. Eine Möglichkeit sind die Gefühle der Dankbarkeit, die ich dir schon weiter oben erklärte. Eine andere Möglichkeit ist, deine Gefühle wieder mit positiven Situationen und Erfahrungen zu verbinden, wie ich es dir im Kapitel „Werkzeuge – Denke positiv" gezeigt habe.

Frage dich also: „Was steckt hinter meinen Affirmationen?" Wenn du dich negativ fühlst oder Zweifel hast, ist einfach der falsche Moment, um Affirmationen oder Visualisationen zu machen. Du solltest dich deshalb aber nicht verurteilen. Verstehe, dass dies ein ganz normales Verhalten in uns Menschen ist, und es erfordert einen Lernprozess, um dich langsam aber sicher zu ändern. Wandele daher zunächst deine Gedanken und Gefühle in positive um. Wenn du das erreicht hast oder gerade einen guten Moment hast, dann solltest du diese positiven Schwingungen nutzen, um deine Affirmationen und Visualisationen ins Universum zu senden.

Wenn du dies öfter schaffst, wirst du erkennen, dass der Grund deiner persönlichen Situation nicht in deiner Außenwelt liegt, sondern ausschließlich in dir. Diese Erkenntnis wird dir ein Gefühl der Freiheit geben, mit dem du alles ändern und erreichen kannst. So kommt alles, was du dir wünschst, zu dir. Probiere es aus!

# Fazit

Wir erhalten das, was wir gemäß unserer Schwingung sind. Wenn das nicht mit dem übereinstimmt, was wir wollen, dann bekommen wir das, was unserer Schwingung entspricht.

Daher können wir sagen, dass ein Glücksgefühl mehr Glück und mehr Reichtum und Wohlstand anzieht. Umgekehrt funktioniert die Gleichung aber nicht; Reichtum zieht also nicht Glück an. Und dieses Glücksgefühl ist eine innere Arbeit, für die sich jeder für sich selbst verantwortlich machen muss.

Wenn du verstanden hast, welch enormes Potential du hast und dass es das gleiche für alle Menschen ist, dann steht dem nichts mehr im Wege, dass du Wohlstand, gute Beziehungen und Erfolg in deinem Leben manifestierst.

Der Grund, warum viele Menschen diese Reichtümer noch nicht besitzen, ist, weil sie das Gesetz der Anziehung noch nicht kennen oder nicht richtig verstanden haben und die Schuld für ihr Lebens weiterhin anderen geben. Sie haben ihre Verantwortung noch nicht erkannt.

Verwende ab heute all das, was du über das Gesetz der Anziehung gelernt hast. Dein Leben wird sich von Grund auf ändern. Du kannst und wirst das vorher Unmögliche erreichen. Unser Geist kann alles bewirken und in Bewegung setzen. Wenn dein Verstand akzeptieren kann, dass es keine Beschränkungen und nichts Unmögliches gibt, dann wird dies für dich so sein. Du hast dann sozusagen diese „Schallgrenze" durchbrochen. Wenn es für dich notwendig ist, dies in mehreren Schritten in Erfahrung zu bringen, dann mach es so. Denn du kannst nichts manifestieren, was du nicht glaubst. Wichtig ist letztendlich nur das Resultat, nicht, wie du dahin kommst. Neville Goddard, hat dies sehr treffend gesagt:

> *Du ziehst nicht das an, was du willst.*
>
> *Du ziehst das an, wovon du glaubst, dass es wahr ist.*
>
> NEVILLE GODDARD

Du kannst das Gesetz der Anziehung überall dort verwenden, wo du es gebrauchst. Benutze es bewusst!

Wenn man gelernt hat, das Gesetz der Anziehung anzuwenden, dann macht das Leben plötzlich einen Riesenspaß.

*Hör auf zu kämpfen gegen das, was du nicht willst! Hör auf, darüber nachzudenken, was du nicht willst, und denke an das, was du willst! Akzeptiere das, was das Leben dir anbietet, und mach das Beste daraus!*

*Versetze dich - mit welchen Mitteln auch immer – in das Gefühl, dein Wunsch sei bereits erfüllt. Und erinnere dich daran. Alles, was in dir die entsprechenden Emotionen hervorruft, wird dir helfen, deinen Traum buchstäblich in die Realität zu ziehen.*

Bob Doyle

***

*Betrachte deinen Wunsch als bereits erfüllt.*
*Wisse, dass er bei Bedarf Realität werden wird.*
*Lasse es einfach geschehen.*
*Mache dir keine Sorgen und kümmere dich nicht.*
*Danke nicht daran, dass dir etwas fehlt.*

*Denke daran, als ob die gewünschte Sache bereits dir gehört*
*Und sich schon in deinem Besitz befindet.*

ROBERT COLLIER

***

*Du kannst haben, was du willst, wenn du weißt, wie du in deinen Gedanken die Gussform dafür gestaltest. Es gibt keinen Traum, der nicht wahr werden kann, wenn du nur lernst, die schöpferische Kraft zu gebrauchen, die durch dich wirkt. Die Methoden, die für einen Menschen tauglich sind, werden für alle funktionieren. Der Schlüssel zur Macht liegt in der Anwendung dessen, was du hast.*

ROBERT COLLIER

# Letzte Worte

Ich war nicht zufrieden und wusste nicht, wie ich endlich glücklich und erfolgreich sein kann. Irgendwie hatte immer nur der Bekannte oder der Nachbar Erfolg und ein tolles Leben. Mir schien dies irgendwie nicht zuzustehen. Dachte ich, bis ich das Gesetz der Annahme / Anziehung kennenlernte.

Mir hat das Gesetz der Anziehung sehr geholfen, mein Leben in den Griff zu bekommen. Ich kann nun Ereignisse im Leben bewusst steuern und akzeptieren.

Ich hoffe, es hilft auch dir, dein Leben zu genießen. Wir leben schließlich nur einmal!

Dein Johannes Baader

Disclaimer:

Die Inhalte dieses Buches wurden mit größtmöglicher Sorgfalt erstellt. Der Anbieter übernimmt jedoch keine Gewähr für die Richtigkeit, Vollständigkeit und Aktualität der bereitgestellten Inhalte. Die Nutzung der Inhalte des Buches erfolgt auf eigene Gefahr des Nutzers.


Kontakt: Patrick Ziegler/Flurstraße 33/71522 Backnang
Covergestaltung: Germancreative
Coverfoto: depositphotos

45796053R00082

Printed in Poland
by Amazon Fulfillment
Poland Sp. z o.o., Wrocław